スクールビジネスリーダーシップ研修テキスト

藤原文雄・久我直人・佐川志保・谷 明美・
福嶋尚子・増田真由美・吉村由巳　編著

学事出版

はじめに
～子供たちの幸福な近未来を創造する学校事務職員～

教育的素養を有した「リソースマネジャー」への期待

　スクールビジネスと聞いて、ビジネスという言葉から、企業での財務やマーケティングを連想し、教育とは関係ないものとして捉えられるかもしれない。しかし、それは間違いである。スクールビジネスとは、子供の幸福な未来（ウェルビーイング：個人の権利や自己実現が保障され、心身ともに健全で幸福な状態）を見据えて、学力向上・学力格差是正、進路実現、安心安全な生活の実現といった、子供の「幸福」実現に貢献する仕事（ビジネス）なのである。

　本書では、総務、財務、管財といったスクールビジネスをマネジメントし、学校全体の意思決定、カリキュラム、地域連携協働など学校運営にリーダーシップ（影響力）を発揮する学校事務職員を「スクールビジネスマネジャー」と呼ぶ。スクールビジネスマネジャーは、人、情報、お金、施設、信頼など有形・無形のリソース（教育資源）を開発・活用する学校職員であり、「リソースマネジャー」とも表現することができる。リソースマネジャーの仕事は、教員との協働が不可欠であり、学校、教育課程、社会教育などに関する教育的素養（スクールリテラシー）が無ければ、高水準の職務の遂行が難しい仕事である。

　2017年に学校教育法が改正され、学校事務職員の職務規定は「従事する」から「つかさどる」へと変更された。教諭の職務規定は、それ以前から「つかさどる」であり、法改正によって、職務のレベルにおいて学校事務職員と教諭は、同格の職員として位置付けられたことになる。

　この法改正の趣旨について、改正の際に発出された通知（28文科初第1854号）は、「子供をめぐる教育課題が複雑化・困難化する中、学校の指導・運営体制を強化するとともに、地域住民との連携・協働を含めた学校運営の改善を図ることにより、学校機能強化を一体的に推進する」と説明している。すなわち、法改正の狙いは、学校のマネジメントモデルの転換

による学校機能強化にある。

　この学校のマネジメントモデルの転換を強く打ち出したのは、2015年に
とりまとめられた中央教育審議会「チームとしての学校の在り方と今後の
改善方策について（答申）」である。同答申は、「『チームとしての学校』が
成果を上げるためには、必要な教職員の配置と、学校や教職員のマネジメ
ント、組織文化等の改革に一体的に取り組まなければならない」と述べ、
学校のマネジメントモデルの転換を推奨した。

　さらに、2019年にとりまとめられた「新しい時代の教育に向けた持続可
能な学校指導・運営体制の構築のための学校における働き方改革に関する
総合的な方策について（答申）」においても、「校長や副校長・教頭に加え、
主幹教諭、指導教諭、事務職員等のミドルリーダーがそれぞれのリーダー
シップを発揮できるような組織運営を促進する必要がある」と指摘され、
マネジメントモデルの転換を提唱した。ここで提唱されているマネジメン
トモデルは、共通のビジョンの実現のため、教職員や学校運営協議会のメ
ンバーなど多様な主体が状況に応じてリーダーシップを発揮することが学
校の成果向上につながるという「分散型リーダーシップ（distributed
leadership）」と言われるものである。もちろん、校長のリーダーシップは
学校成果の向上にとって重要であるが、校長に加え、多くの主体がリー
ダーシップを発揮する学校こそが優れた学校であるという見方への転換が
推奨されているのである。

　こうした学校のマネジメントモデルの転換の一部として行われたのが、
学校事務職員の職務規定の見直しである。改正の際の通知においては、そ
の見直しの趣旨について、「教育指導面や保護者対応等により学校組織マ
ネジメントの中核となる校長、教頭等の負担が増加するなどの状況にあっ
て、学校におけるマネジメント機能を十分に発揮できるようにするため、
学校組織における唯一の総務・財務等に通じる専門職である事務職員の職
務を見直すことにより、管理職や他の教職員との適切な業務の連携・分担
の下、その専門性を生かして学校の事務を一定の責任をもって自己の担任
事項として処理することとし、より主体的・積極的に校務運営に参画す
る」(28文科初第1854号) ためと説明している。一定の責任を付与し、学校
事務職員がこれまで以上にリーダーシップを発揮することができるように

することが法改正の狙いと言えよう。

　さらに、2020年に文部科学省は、服務監督権者である教育委員会が学校事務職員の職務内容を定める際の「基礎資料」として、「標準的な職務の内容及びその例」（表１）及び「積極的に参画する職務の内容及びその例」（表２）を作成し、教育委員会に通知した。同通知は、文部科学省として、学校事務職員が担う「担任事項」及び「校務運営」という概念が示す内容を例示したものである。「標準的な職務内容」として、総務、財務、管財、事務全般が示されるとともに、「積極的に参画する職務内容」として、学校の組織運営に関すること、教育活動に関すること、学校評価に関すること、保護者、地域住民、関係機関等との連携及び協力の推進に関すること、危機管理に関すること、情報管理など、戦略的意思決定、カリキュラム・マ

表１　別表第一　事務職員の標準的な職務の内容及びその例

	区分	職務の内容	職務の内容の例
1	総務	就学支援に関すること	就学援助・就学奨励に関する事務
		学籍に関すること	児童・生徒の転出入等学籍に関する事務 諸証明発行に関する事務
		教科書に関すること	教科書給与に関する事務
		調査及び統計に関すること	各種調査・統計に関する事務
		文書管理に関すること	文書の収受・保存・廃棄事務 校内諸規定の制定・改廃に関する事務
		教職員の任免、福利厚生に関すること	給与、諸手当の認定、旅費に関する事務 任免・服務に関する事務 福利厚生・公務災害に関する事務
2	財務	予算・経理に関すること	予算委員会の運営 予算の編成・執行に関する事務 契約・決算に関する事務 学校徴収金に関する事務 補助金・委託料に関する事務 監査・検査に関する事務
3	管財	施設・設備及び教具に関すること	施設・設備及び教具（ICTに関するものを含む。以下同じ。）の整備及び維持・管理に関する事務教材、教具及び備品の整備計画の策定
4	事務全般	事務全般に関すること	事務全般に係る提案、助言 　（教職員等への事務研修の企画・提案等） 学校事務の統括、企画及び運営 共同学校事務室の運営、事務職員の人材育成に関すること

表2　別表第二　他の教職員との適切な業務の連携・分担の下、その専門性を生かして、事務職員が積極的に参画する職務の内容及びその例
（領域は筆者が追加）

区分	領域	職務の内容	職務の内容の例
校務運営	学校経営	学校の組織運営に関すること	企画運営会議への参画 各種会議・委員会への参画・運営 学校経営方針の策定への参画 業務改善の推進
		学校評価に関すること	自己評価・学校関係者評価等の企画・集計・結果分析等
		危機管理に関すること	コンプライアンスの推進 学校安全計画や学校防災計画等の各種計画等の策定 危険等発生時対処要領（危機管理マニュアル）の作成・改訂 安全点検の実施
	カリキュラム・マネジメント	教育活動に関すること	カリキュラム・マネジメントの推進に必要な人的・物的資源等の調整・調達等（ICTを活用した教育活動に資するものを含む） 教育活動におけるICTの活用支援 学校行事等の準備・運営への参画
	地域連携協働	保護者、地域住民、関係機関等との連携及び協力の推進に関すること	学校と地域の連携・協働の推進（学校運営協議会の運営、地域学校協働本部等との連絡調整等） 学校施設の地域開放に関する事務 保護者、専門スタッフ、関係機関等との連絡調整
		情報管理に関すること	情報公開、情報の活用 広報の実施 個人情報保護に関する事務等

ネジメント、地域連携協働などに関する職務が示されている。

　なお、同時に示された教諭等の「標準的な職務内容」には、学校の組織運営に関すること、教育活動に関すること、学校評価に関すること、保護者、地域住民、関係機関等との連携及び協力の推進に関することなど、「学校の管理運営に関すること」が含まれており、教諭等の場合には校務運営への参画は基本的に行う職務として位置付けられている。

　これらは、あくまでも各自治体において標準的職務を定める際の「参考資料」という位置付けである。しかし、これらは、全国の都道府県教育委員会が発出した標準的な職務に関する通知を参照し作成されたものであり、決して現実離れしたものではない。総務、財務、管財、事務全般について一定の責任をもって自己の担任事項として処理し、戦略的意思決定、カリキュラム・マネジメント、地域連携協働のプロセスを見渡し、そのプ

ロセスに主体的・積極的に参画するという学校事務職員像は全国的な標準になっていくに違いない。

スクールビジネスリーダーシップ研修体系

　学校事務職員の職務の高度化は、学校事務職員の資質・能力及び意欲の向上を必要とする。こうしたことから、文部科学省は、改正の際の通知（28文科初第1854号）において、「新たな職務を踏まえ、資質、能力と意欲のある事務職員の採用、研修等を通じた育成に一層努めること」とし、各都道府県において見直された職務規定を前提とした、学校事務職員の資質・能力及び意欲を高めるための施策の実施を要請した。ところが、学校事務職員の研修や人事を担当する指導主事や管理主事の配置が十分でない今日、都道府県教育委員会は、プログラムの開発など学校事務職員対象の研修の実施に大きな課題を感じている（国立教育政策研究所、2015）。

　こうした状況においては、地方公務員である学校事務職員の研修は任命権者である都道府県・政令指定都市教育委員会がそれぞれ構想することが本筋ではあるが、職務規定に関する法改正を実効化し、すべての学校事務職員が教員免許を有する教員と対等なレベルで仕事を行うことができるよう、モデル研修プログラムの開発が進められるべきである。その際には、研修効果を高めるため、国内外の学術研究の潮流を踏まえたエビデンスベースドなプログラムであることが望ましい。そこで、筆者は国内外の先行研究（藤原、2021）及び英国におけるスクールビジネスマネジャー対象の研修プログラム（藤原、2014）、同じ学校職員である教員養成カリキュラム（中央教育審議会、2006）を参照し、大学などが主催することを前提とした学校事務職員を対象とするスクールビジネスリーダーシップ研修体系を構想した（図3）。

　まず、スクールビジネスリーダーシップ基礎研修は、一通りの実務遂行スキルを習得した準新任期の学校事務職員を対象としたプログラムであり、体系的な実務知識を有し、運営参画に積極的に取り組む学校事務職員としての資質・能力を習得することを目的とするものである。

　スクールビジネスリーダーシップ専門研修は、経験年数10年目前後の学校事務職員（前期研修）及び事務長候補者（後期研修）を対象としたプロ

グラムであり、体系的な教育及び戦略マネジメントについての知識を有し、一人前の学校事務職員として運営参画に積極的に取り組む学校事務職員としての資質・能力を習得することを目的とするものである。ミドルリーダーとして、または、事務長として責任を持って校長を

図3　スクールビジネスリーダーシップ研修体系

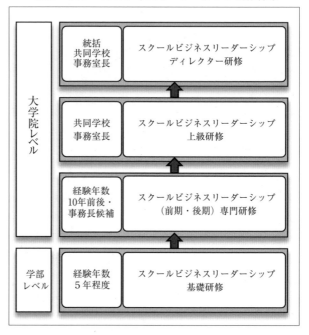

大学院レベル	統括共同学校事務室長	スクールビジネスリーダーシップディレクター研修
	共同学校事務室長	スクールビジネスリーダーシップ上級研修
	経験年数10年前後・事務長候補	スクールビジネスリーダーシップ（前期・後期）専門研修
学部レベル	経験年数5年程度	スクールビジネスリーダーシップ基礎研修

補佐する運営チームの一員として活躍できる資質・能力を習得するプログラムである。

　スクールビジネスリーダーシップ上級研修は、共同学校事務室長候補者を対象としたプログラムであり、学校という枠を超えて学校改善を進める「システムリーダーシップ」及び人材育成についての知識を有し、学校事務を通じた地域全体の学校教育の質の向上を図ることができる資質・能力を習得することを目的とするものである。

　スクールビジネスリーダーシップディレクター研修は、統括共同学校事務室長候補者を対象としたプログラムであり、学術的能力を有し、学校事務を通じた都道府県・政令指定都市地域全体の学校教育の質の向上を図ることができる資質・能力を習得することを目的とするものである。

　これら4つのプログラムから構成されるスクールビジネスリーダーシップ研修は、オンラインと勤務地における学校事務職員同士の対面による相

互学習を併用した「ハイブリッド型研修」として行う。また、職能段階の異なる学校事務職員が一緒に講座に参加して学ぶクロスステージ研修を想定している。

スクールビジネスリーダーシップ研修

　これらの4つのプログラムは、研修のプログラムの学習成果は異なるものの、プログラムの構造は基本的に同型であり、メンター制度によって、キャリアステージの異なる受講生が学び合うこととなっている。そのプログラム概要を図4に示す。

　スクールビジネスリーダーシップ研修は、(1)イントロダクション、(2)スクールビジネスリーダーシップ論、(3)スクールビジネスプロジェクト学習、そして、(4)総務管理、カリキュラム・マネジメントと財務管理、施設管理、教育政策・教育課程、地域学校連携協働などの実務講座、(5)リフレクションから構成されている。対面学習とオンライン学習を併用したハイブリッド型学習による1～2年程度の学習を想定している。

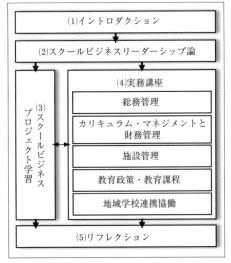

図4　スクールビジネスリーダーシップ
　　　研修のプログラム概要

　このスクールビジネスリーダーシップ基礎研修は、教職課程における、(1)導入（教職課程ガイダンス）、(2)教職概論（教職の意義と役割）、(3)教育実習、(4)教育、教育内容、方法などの実務講座を同時並行で学び、最後に、(5)教職実践演習を行うというプログラムと同型にデザインされている。

　もっとも、プログラム運営及び参加者の時間などコストという観点から、このプログラム全体をすべての学校事務職員が受講することは難しい。教育委員会主催の研修においては、すべての学校事務職員に対しエッ

センスを濃縮した簡易版のプログラムを提供し、より深く学習し、地域の
リーダーとして活躍することを望む学校事務職員には、大学・大学院主催
の完全なプログラム（正規の課程、または、履修証明プログラム）を受講
するという二層制として展開するべきである。

子供たちの幸福な近未来を創造するスクールビジネスプロジェクト

　本書は、スクールビジネスプロジェクト学習のテキストである。一般に、
プロジェクトとは、他者を支援すべく、ビジョン（願い）と目標（ゴール）
を設定し、計画を立てて、成果を生み出す営みのことをいう。それは、意
思を持って、未来を創造する営み（鈴木、2012：美馬、2018）と言えよう。
プロジェクトは、大きな橋を建てるなど大企業などが実施するプロジェク
トだけではない。例えば、学校事務職員が、教員の児童生徒と向き合う時
間を確保したいというビジョン（願い）を持って、校内の会計の仕組みを
効率化するといった目標（ゴール）を設定し、計画を立てて、成果を生み
出す営みなどもプロジェクトである。

　しかし、いかなるスクールビジネスプロジェクトも、究極的には子供の
学力向上・学力格差是正や進路実現、安心安全な生活の実現といった子供
の「幸福」実現を支援することを志向するものでなければならないという
ことは強調しておきたい。学校事務職員が目指すスクールビジネスプロ
ジェクトとは、子供たちの幸福な近未来を創造するプロジェクトなのであ
る。もちろん、学校財務事務の効率化など効率化を志向するスクールビジ
ネスプロジェクトも重要ではあるが、職能成長とともに、学校経営、カリ
キュラム・マネジメント、地域連携協働など学校運営に参画し、より直接
的に子供の「幸福」に貢献するようなスクールビジネスに挑戦することを
期待したい。

　本書では、学校事務職員が、教育的素養を有した「リソースマネジャー」
としての強み（ストロングネス）を生かしたプロジェクトをスクールビジ
ネスプロジェクトという。仕事のプロセスで学習し成長することができる
プロジェクトは、今後の学校事務職員の資質・能力及び意欲を高めるため
の中心的な研修として位置付いていくに違いない。

　スクールビジネスプロジェクトを推進する上では、長期間にわたって努

力し、やり切ることが求められる。そのためには、「やりたい」「できる」「すべき」という３つを重なり合わせた領域で、スクールビジネスプロジェクトを推進することが必要である。「やりたい」気持ちが無ければ持続しない、「できる」ことでなければ成功しない、「すべき」ことでなければ周りから支持されない。「やりたい」気持ちを土台として、「できる」力を裏付けに、「すべき」こととの調和を図って学校事務職員が主体的に推進するプロジェクト、それが、スクールビジネスプロジェクトが求めるプロジェクトである。すなわち、「楽しく手応えのあるプロジェクト」が理想なのである。

そのプロセスは、学校事務職員にとって学びと成長のプロセスでもある。また、スクールビジネスプロジェクトが終了した際に、振り返り、得た学びを教訓化することによって、学びと成長はさらに充実する。加えて、機会があれば、そのスクールビジネスプロジェクトを実践論文として再構成し、プレゼンテーション（スクールビジネスプロジェクト検討会）を行うことによって、学びと成長はさらに充実する。そのプロセスは、目標設定、取組、成果検証（見取り）、内省・教訓化、プレゼンテーションという５つのステージから構成される。

スクールビジネスプロジェクト学習は、こうしたプロセスを活用して、教育的素養を有した「リソースマネジャー」としての学校事務職員の総合的な資質・能力を育成しようとするものである（図５）。

学習内容は、(1)スクールビジネスプロジェクトプレゼンテーション、(2)スクールビジネスプロジェクト計画プレゼンテーションである。参加者による既に実施した、あるいは、今後に実施予定のスクールビジネスプロジェクトのプレゼンテーションを通じて学習を進める。

このプロセスの中心に位置付くのは、本人（プロジェクトへの賛同者も含めたチーム）のスクールビジネスプロジェクトのプロセスである。しかし、スクールビジネスプロジェクト学習のプロセスは本人単独で進められるわけではない。スクールビジネスプロジェクト学習においては、継続的な支援を受けるメンティーと支援を行うメンター（または、プロテージ）がペアとなって学習を行う。メンターは、各都道府県が策定した人材育成指標や自己評価シートなどを参照しつつ、メンタリング（特にコーチング）

を行い、支援を行う（図6）。

さらに、スクールビジネスプロジェクト学習のプロセスはプログラムに参加する仲間とカフェ的雰囲気の下で、建設的対話を行い、学び合い、励まし合うプロセスでもある。スクールビジネスプロジェクトを始め、継続するプロセスでは弱気になる時もある。そうした際に、共にスクールビジネスプロジェクト学習に参加する仲間の取組を見聞き

図5　スクールビジネスプロジェクト学習のプロセス

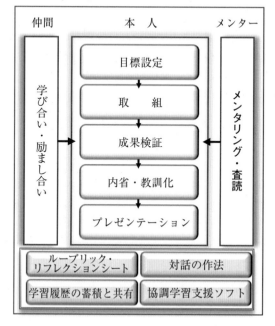

することによって取組への勇気が高まるはずである。

スクールビジネスプロジェクト学習における学び方

　こうしたスクールビジネスプロジェクト学習の質を高め、しかも、楽しい学びにするためのツールが、「ルーブリック」「対話の作法」「学習履歴の蓄積と共有」「協調学習支援ソフト」である。

　参加者が共に学び合う上では、一定の枠組みが必要である。全く共通性が無いところで、持続的な建設的対話は難しい。

　そこで、スクールビジネスプロジェクト学習では、「ルーブリック」「対話の作法」という枠組みを導入している。

　まず、「ルーブリック」（表7）は、リアルな文脈の中で実力を試す評価課題（パフォーマンス課題）のための評価指標であり、評価観点と学習者の到達度をマトリクス化したものである。

これまでの学校事務職員によるプロジェクト報告（実践報告）についての検討は、こうしたルーブリック無しに実行され、ともすれば、対立を恐れて遠慮した批評が行われ、さらに、批評に不公平感を感じ納得感を得られない、ということもあった。

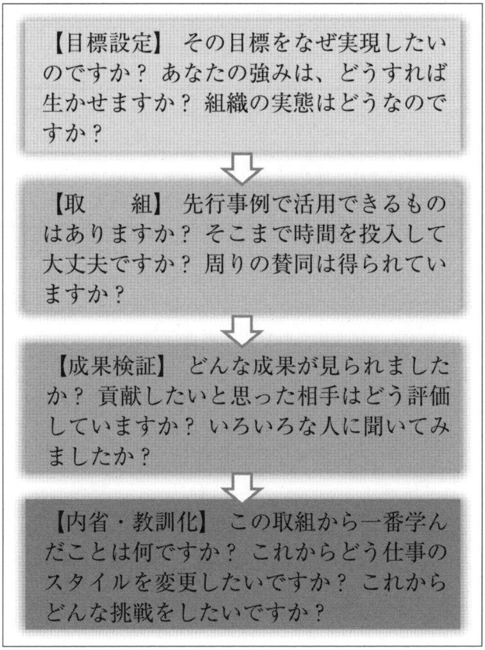

しかし、こうしたルーブリックがあれば、恣意性が排除されることによって、学校事務職員同士が安心してプロジェクトを批評し合い、高め合うことが可能になる。ま

図6　メンターによるメンタリング例

【目標設定】その目標をなぜ実現したいのですか？ あなたの強みは、どうすれば生かせますか？ 組織の実態はどうなのですか？

【取　組】先行事例で活用できるものはありますか？ そこまで時間を投入して大丈夫ですか？ 周りの賛同は得られていますか？

【成果検証】どんな成果が見られましたか？ 貢献したいと思った相手はどう評価していますか？ いろいろな人に聞いてみましたか？

【内省・教訓化】この取組から一番学んだことは何ですか？ これからどう仕事のスタイルを変更したいですか？ これからどんな挑戦をしたいですか？

た、研究者などが行う批評の意味を理解し、その批評の妥当性を検討することすら可能になる。研究者の支援を受けつつ学校事務職員自らがルーブリックを作成して活用すれば、学校事務職員は批評の主体になれるのである。

ルーブリックが学校事務職員の学びに与える効果はほかにもある。最も大きな効果は、実践者自身が、ルーブリックを参照ツールとして活用することによって、自らのプロジェクトの現状を診断し、より高い次元を目指してプロジェクトを進められることである。

もう一つの枠組みは、プレゼンテーションにおける「対話の作法」である。スクールビジネスプロジェクトは、特定の環境において取り組まれたものである。こうした環境を無視して行われる検討会は、あたかも査問会のようになり、報告者本人の意欲を低下させてしまう。さらに、参加者にとっても、自らの実践の優位性を誇示し、自己満足を得るだけの機会と化

表7　スクールビジネスプロジェクト学習のルーブリック

観点	A：十分に満足	B：おおむね満足	C：努力を要する
目標設定	プロジェクトに取り組む意義が明確であり、プロジェクトの目標も明確かつ新しく挑戦的である。	プロジェクトに取り組む意義についての検討は不十分であるが、プロジェクトの目標は明確又は挑戦的である。	プロジェクトに取り組む意義についての検討が不十分な上、プロジェクトの目標も不明確または挑戦的でない。
取　　組	目標達成に向け、最適な取組を実施し、その取組は新しく挑戦的である。	目標達成に向け、最適な取組を実施しているが、その取組は新しくはない、または挑戦的でもない。	目標達成に向け、最適な取組を実施していない上、その取組は新しくもなく、挑戦的でもない。
成果検証	目標の達成度について多角的に検証し、新しい検証方法または新しい検証結果を提示している。	目標の達成度について多角的に検証しているが、検証方法または検証結果は新しくない。	目標の達成度について多角的に検証されていない。
教訓化	取組を通じて、成長を遂げ、新しい教訓や仮説を引き出している。	取組を通じて、新しい教訓や仮説は引き出されていないが、成長は遂げている。	取組を通じて、成長しておらず、新しい教訓や仮説も引き出されていない。
プレゼンテーション	目標設定、取組、成果検証、教訓化などが分かりやすく示されている。	目標設定、取組、成果検証、教訓化など示されているものの、分かりづらい。	目標設定、取組、成果検証、教訓化などが示されていない。

してしまう。プレゼンテーションにおける対話は、特定の環境下で行われたプロジェクトを題材にして、自分ならどう行動するかという視点で行われる建設的対話であるべきである。報告者に対して、優劣を争うことなく、安心して語ることができる「カフェ的雰囲気」の下で、建設的対話によって、それまでの自分の信念や知識を組み替えること、それがスクールビジネスプロジェクト学習における「対話の作法」なのである。

　これらの枠組みとともに、スクールビジネスプロジェクト学習の質を高め、しかも、楽しい学びにする上で有効なツールが、「学習履歴の蓄積と共有」「協調学習支援ソフト」である。スクールビジネスリーダーシップ研修は、オンライン研修を中心とした「ハイブリッド型研修」である。オンライン研修は、距離を越えて集い、学習することができるという利点がある一方、対面指導のように、お互いの表情など多面的な情報によって、講師の意図や受講生の学習の状態を見取るということが難しい、参加者が多い場合には発言者が偏ってしまうなどの弱点を有することは否めない。こう

したことから、デジタルテクノロジーを活用して、学習履歴の蓄積と共有を行い、協調学習支援ソフトやZoomのブレイクアウトルーム（グループ分け機能）の活用によって、グループワークを行うなどの工夫が採り入れられている。

　本書の構成は以下の通りである。第1章では、経験年数5年目前後の「準新人」の学校事務職員によるプロジェクト報告、第2章では、経験年数10年以上の「一人前」の学校事務職員によるプロジェクト報告、第3章では、「共同実施リーダー」の学校事務職員によるプロジェクト報告、終章では、プロジェクト計画について論じている。また、欄外には、全国から募集したスクールビジネスプロジェクトから選択された「プロジェクト百選」を掲載している。既に、スクールビジネスプロジェクトは全国の多くの学校事務職員が取り組んでいるのである。スクールビジネスプロジェクト学習は、より意図的に学習し、成果（表8）を高める学習なのである。

表8　スクールビジネスプロジェクト学習の成果

【すべての学校事務職員】 ・研修を受けて、取り組みたいプロジェクトのイメージが豊かになりましたか ・研修を受けて、プロジェクトの鑑識眼は高まりましたか ・研修を受けて、プロジェクトマネジメント能力は高まりましたか 　※目標設定力は高まりましたか 　※取組力（賛同の獲得方法、先進事例の探索方法など）は高まりましたか 　※成果検証力は高まりましたか 　※教訓化力（他の場面でも適用できる法則の発見力）は高まりましたか 　※スクールビジネスプロジェクトの思考の流れに沿ったプレゼンテーション力は高まりましたか 【経験年数10年前後以上の学校事務職員】 ・研修を受けて、メンタリング能力は高まりましたか

もっとも、高い水準のプロジェクトは、十分な知識・スキルを有した学校事務職員でなければ遂行できない。知識とは現実を観察するツールであり、領域固有の知識を欠いて問題発見・解決を行うことは難しい。そこで、スクールビジネスリーダーシップ研修においては、各分野に係る知識等を学ぶ「実務講座」と「スクールビジネスプロジェクト学習」を同時並行的に履修し、相乗効果を生み出す工夫がなされている。

　本書に掲載されている事例は、教育的素養を有した「リソースマネジャー」が行うスクールビジネスプロジェクトの優秀作品だけを掲載したものではない。未だ、学校運営に参画し、より直接的に子供の「幸福」に貢献できるような完成度の高いスクールビジネスプロジェクトは少ない。しかし、各執筆者にとっては、子供の「幸福」実現を支援するプロジェクトの中間作品に過ぎない。謙虚な姿勢で学び続け、更に知識・スキルを高め、子供たちの幸福な近未来を創造するスクールビジネスプロジェクトの完成度を高められることを期待したい。また、読者の皆様におかれては、本書掲載のスクールビジネスプロジェクトを参照しつつ、自らのスクールビジネスプロジェクトを構想し、推進していただければ幸いである

　本書は、JSPS科研費17K04668、JSPS科研費18K02380、JSPS科研費20K02448の研究成果を含んでいる。　　　　　　　　　　　　　（藤原文雄）

目　次

第 1 章

「準新人」スクールビジネスプロジェクト
~初めてのスクールビジネスプロジェクト~

学校事務職員のキャリアステージ

　学校事務職員には、総務・財務・施設管理といった実務を遂行しつつ、学校経営、カリキュラム・マネジメント、地域学校連携協働といった学校運営に参画し、教育の質向上に貢献することが求められている。

　学校事務職員が、このような高度な役割を担うことができるのか、と心配する声もある。これまでのように、生涯にわたるキャリア発達の見通しが持てないまま、十分な支援もなく一人で育つという育成環境が持続するならば、その心配は現実のものとなるに違いない。しかし、学校事務職員のキャリアパスや専門性が発揮できる環境が準備され、成長を支援する体制が整備されれば、その心配は杞憂に過ぎなくなる。

　全国の学校事務職員のキャリアパスの整備状況及び学校事務職員の資質・能力及び意欲に関する研究動向（藤原、2021）を踏まえた、理想的な学校事務職員のキャリアラダーを図1に示す。ここでは、新人及び準新人の学校事務職員に期待される役割と発達課題について記述したい。

■新人（3年目まで）

　学校事務職員の職業人生は、職場で実務を教えてくれる人が誰もいないという環境で、しかも赴任した当初から〆切のある仕事をこなすという課題を乗り越えるところからスタートする。こうした職場及び仕事への適応の難しさから、採用された4月から6月までの間、学校事務職員のモチベーションは低下する傾向にある（藤原、2015）。しかし、最初の数か月をサバイバルし、3年程度経験を積み、ほとんどの人は一通りの実務を遂行できるようになる。ある県の学校事務職員を対象に実施した調査によれば、仕事をきちんとやり遂げたいという気持ちを持って、日々の業務の中で、新しいことに挑戦し、内省し、教訓を引き出す「経験学習」を行うことが、この時期の成長につながることが明らかにされている。すべての新人が、学校教育・学校組織並びに共同学校事務室の活動を理解し、一通りの実務を遂行できるようになることが、この時期の理想である。

■準新人（4年～9年）

　一通りの実務を遂行できるようになった準新人は、学校経営、カリキュ

百選 プロジェクト名／きっかけ／何をしたか／氏名・所属・プロジェクト開始時の年数

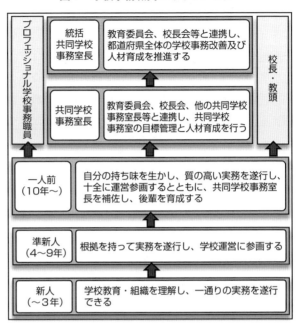

図1　学校事務職員のキャリアラダー

プロフェッショナル学校事務職員	統括共同学校事務室長	教育委員会、校長会等と連携し、都道府県全体の学校事務改善及び人材育成を推進する	校長・教頭
	共同学校事務室長	教育委員会、校長会、他の共同学校事務室長等と連携し、共同学校事務室の目標管理と人材育成を行う	
	一人前（10年～）	自分の持ち味を生かし、質の高い実務を遂行し、十全に運営参画するとともに、共同学校事務室長を補佐し、後輩を育成する	
	準新人（4～9年）	根拠を持って実務を遂行し、学校運営に参画する	
	新人（～3年）	学校教育・組織を理解し、一通りの実務を遂行できる	

ラム・マネジメント、地域学校連携協働といった学校運営に参画するという「冒険」に踏み出すようになる。教員集団と協力し成果を挙げつつ、自らも成長したいという気持ちが強い学校事務職員ほど、また、意思決定参画環境（校内で学校事務職員が教員と対等に議論できる）や児童生徒交流機会（児童生徒と触れ合い、児童生徒のために努力した成果が認められること）に恵まれている学校事務職員ほど、学校運営に参画しやすい（藤原、2020など）。また、ある県の学校事務職員を対象とした調査によれば、例えば、カリキュラム・マネジメント参画には、教育課程等の知識が必要であり、知識が無ければ参画することは難しい。学校事務職員自身が、この時期に萎えがちな心の炎を燃やし続け、「教育的素養」を高めるとともに、管理職や共同学校事務室長が「冒険」に乗り出すよう環境整備をすることによって、すべての準新人が根拠を持って実務を遂行し、学校運営に少しずつでも参画できるようになることがこの時期の理想である。

百選 三つの課題に対応する校内組織等の見直し／今の校内組織のままでは新年度実施の三つの新たな業務等に対応ができず、混乱を生じることが予想されたため。／職員評価のフィードバックや企画会議で、新たな業務等（校務支援システムの導入、タブレットの設置、新学習指導要領の実施）に対応するため、校内組織の見直しの必要性を具体的に提言した。／大道正信・宮崎県日南市立吾田中学校・41

「準新人」スクールビジネスプロジェクト報告

　本章に掲載するのは、4人の準新人期の学校事務職員によるスクールビジネスプロジェクト報告である。

　廣田美咲さん（浦安市立日の出中学校、2年目（プロジェクト取組時、以下同じ））は、校長の指導の下、子供たちの安全及び指導の一貫性確保に向け、教室環境整備に取り組み、校内での管理職や教職員との関係作りに関する教訓を得ている。2年目の新人ではあるが、校長の応援を受け、早くも運営参画の「冒険」に漕ぎ出している。

　下堂薗公平さん（霧島市立三体小学校、5年目）は、小規模校において、学校事務職員の勤務時間を増加させないという条件の下、教頭・教員の事務負担軽減に向け、業務改善に取り組み、プロジェクトを達成する上での心構えや学校という枠を超えた実践共有の意義に関する教訓を得ている。

　船橋武士さん（京都市立新林小学校、3年目）は、教育の質を高めつつ、教員の勤務負担を軽減するため、情報引継体制構築に務めた。必ずしも成功したとは言えない取組ではあるが、そこから、教員の動きについての理解など今後自らが学ぶべき課題を発見するなどの教訓を得ている。

　井川奈那さん（高松市立植田小学校、3年目）は、未納金対応に係る教員の事務負担軽減を図るため、市の事務研の一員として、先輩を補佐しつつ、市全体の事務体制の見直しに向け行動し、市全体を見渡しつつ、他の学校事務職員の気持ちを尊重しながら調整するスキルに関する教訓を得ている。

　これら4事例はすべて、勤務校の観察による「気づき」を起点とし、「他者」を支援すべく、勇気を持ってアクションを起こした優れたスクールビジネスプロジェクトである。十全に運営参画できる「一人前」に向けたさらなる飛躍を期待したい。

（藤原文雄）

🏅選 自己目標の達成による学校現場の働き方改革／目標達成に向けて自分らしく働く姿勢が、学校運営への参画や業務改善を持続可能なものにすると考えたため。／2020年度は20の自己目標を掲げ、管理職評価のもと達成に努めた。私費会計の一括管理や学籍情報の共有等、教員の負担軽減と快適な教育環境づくりの取組を重ね、事務職員が子どもの学びを支援する姿を追究した。／岡田真吉・愛媛県松山市立久米小学校・7

1 教職員協働の教室環境整備

はじめに

　筆者の勤務する千葉県浦安市立日の出中学校（手塚雅美校長）は、令和２年度現在、生徒437名（各学年４学級・特別支援閉級中）、教職員41名の中規模校である。

　本稿では、筆者が昨年度の冬から今年度にかけて取り組んだ教室レイアウトの統一について述べる。具体的には、全学級、カバンや制服、教科書、道具類の収納場所について、原則同じ配置にした。この取組での戸惑いや失敗談を交えながら、背景と過程、成果と教訓を述べていきたい。

　今回の取組の背景には、日直の仕方の変化があった。日直は、輪番で月に１回担当しており、放課後に戸締まり消灯を確認する。筆者は、初任の頃は日直を面倒に感じていたが、２年目になり仕事に余裕が出てくると、事務職員の筆者にとって校内を回るチャンスだと捉えるようになっていた。そんなとき校長から、筆者を放課後の教室に案内して、理想とする環境について話された。実際に現場を見て話を聞いたことで、筆者は、校長が子どもの学習や生活のために、視覚などの感覚から入る情報や安全面などから環境を大切にしていることを知った。筆者は校長から、現場に足を運ぶ大切さと環境を見る視点を学び、より注意深く校内を見るようになった。

　日直の機会に教室を観察してみると、壊れたところをテープで補強して使用しているハンガーラックが目に留まった。そして、ハンガーラックの買い替えに伴い、昼間も教室の様子を見に行く機会ができた。

　昼間の教室では、生徒の荷物がロッカーに収まりきっていない実態を目にし、リュックの紐に足を引っかけたら危ないと思った。また、落とし物が出ていることや、担任によって荷物の配置が異なることに気づくようになり、物の紛失が起こりやすく、担任が変わる度に教室環境のルールが変

わるという形で生徒に影響が出ると考えた。こうした教室内収納の不足と担任裁量による教室環境の差は、少なからず生徒の安全や指導に影響が出るため、改善が必要と感じていた。

　しかし、見聞きして気づいたこと、感じたことがあっても、具体的な行動に移さなければ改善することができない。筆者は、生徒にとって安全で快適かつ教員が指導しやすい教室環境整備という目標を胸に秘め、行動に移す足掛かりを探し、次の過程で取組を行った。

教室環境整備の過程

(1)目標申告の活用（令和元年１月下旬）

　目標申告（人事評価）の最終面接が予定されていた。これは、年度当初の目標に対する自己評価と次年度の目標等を書き、管理職との面談を行うものである。筆者は、教室環境整備を次年度の目標に設定し、目標達成の方法として、教室レイアウトを統一することを考えた。メリットとしては、クラス替えをしても、モノの位置の把握や管理がしやすい。一方、デメリットとして、画一的な教室環境になるおそれがあると考えた。また、教室環境は教員の学級経営にも関わるため、事務職員が口出ししても良いものか、ためらいもあった。

　面談において校長から新年度を統一レイアウトで迎えるために、今から具体的な計画を練ることや教員とともに検討すること等を助言された。筆者はこのとき、「できたらいいな」という曖昧な気持ちから、「やるぞ」と気持ちが変化した。

(2)実態調査と素案作成（令和元年２月）

　取組が決まって筆者がまず行ったのは、教室の実態調査である。各教室にあるものや違いを明確に把握しきれていなかったため、現状を文字として記録し、良いと思った点を集めてレイアウト案を考えることにした。教室の観察は、次の３点で行った。①何があるか、②どこにどのように保管

しているか、③どこにあったら良いか、である。

　次に筆者は、実態調査を受けて素案を作り、管理職へ提出した。このとき校長から、「教育環境」という分掌が新設され、筆者は分掌チーフとしてメンバーの選抜を任された。そこで筆者は、各教室を観察した結果を踏まえ、各学年から一人ずつ、教室環境に意識が高く力になってくれそうな教員を分掌メンバーに選んだ。これにより、教員との活動がしやすくなり、事務職員と教員の協働の取組体制ができた。

(3)教員との検討（令和元年３月上旬）

　筆者は、分掌メンバーとなった教員を集め、素案をもとに、趣旨説明、意見徴収、検討を行った。教員は日頃、学級指導や学年事務で忙しいため、声を掛けるタイミングや招集することに気を遣った。初回は日時を調整して、全員で検討した。時間は、放課後の１時間をもらっていたが、意見が飛び交い、予定よりオーバーしてしまった。筆者はタイムマネジメント不足を反省しつつ、教員視点での意見や代案をもらい、実現可能性が高まったのを感じた。２回目以降は、教員が事務室に来たときなどに個別で意見をもらい、筆者が集約し、必要に応じて集まった。

(4)運営委員会での提案（令和元年３月中旬）

　運営委員会（校長、教頭、教務主任、研究主任、学年主任、生徒指導主事、養護教諭、事務職員によって組織され、学校運営の企画や連絡・調整を行う会議）のメンバーでもある筆者は、教員との検討結果を踏まえて資料を作成し、会議に諮った。資料には、取組の目的、教室環境について筆者の観察と教員の意見を表にしたもの、教室レイアウト図を掲載した。

　運営委員会の教員は、事務職員が教室環境の提案をしていることに驚いている様子だった。筆者の提案後、校長から再度経緯を説明されたことは、筆者にとって支えとなり、運営委員会メンバーからも建設的な意見をもらう後押しになったと思う。運営委員会での理解を得て、学校全体で取り組む体制ができた。

百選 美作市の共同学校事務室・事務長会の取組／市の共同実施の連絡調整のため、事務長会が設置されているが、本年度、市がオンライン会議ツールを導入。／市内代表校長と教育委員会担当者、事務長による定例事務長会で情報共有と課題解決に向けた協議を実施。さらに、定期的な事務長のオンライン連絡会を開始し、情報交換と課題対応を行い、各共同事務室で徹底している。／保田由美子・岡山県美作市立美作中学校・34

⑸物品準備（令和元年3月〜令和2年4月）

　新規で必要となったのはカラーボックスだった。生徒が一人一つ持っている教科書等を入れる整理ケースや各委員会のファイルを収納するためである。カラーボックスの活用は、分掌メンバーの教員がすでに取り入れていた方法でもあり、かつて自費や学級費で購入していたことを聞いた。筆者はこの話を聞いて、教員や家庭の経済的負担にならない学校環境づくりの必要性を感じた。なお、今回の取組の予算は、教頭と相談し、学校配当予算と補助金とで計画した。

　失敗した点は、カラーボックスのサイズである。これは、筆者が業者に伝える仕様が不十分であったことや納品後に即時確認をしなかったことに起因する。公費を扱う以上、購入ミスがないよう、仕様確認、業者との連絡調整、納品後の即時確認を確実に行うことを強く心に留めた一件となった。

⑹全職員への周知（令和元年3月末）

　教室レイアウトの校内統一案は、年度末の職員会議にて、筆者から全教職員に周知し、次年度へ引き継いだ。次頁に、提案資料の一部抜粋を掲載する。

⑺教室準備（令和2年4月〜5月）

　新年度も新型コロナウイルス感染症対策のための臨時休業中ではあったが、学校の再開に向けて準備に取り掛かった。カラーボックスの組み立てや設置は、教員が積極的に行い、生徒の登校を心待ちにしながら教室を準備する教員の期待感の高まりを感じた。

⑻教員向けアンケート（令和2年1月中旬）

　筆者は、物品のレイアウトに限らず、使用感なども知りたいと思い、分掌メンバーから助言をもらって教員向けアンケートを作成した。「ハンガーラックに関して」「整理ケースについて」など、いくつか項目を立て、良かった点と改善点を自由記述式でとった。アンケートの回答率は約6割

百選　想いを繋ぐ業務改善／配布物の多さに大きなストレスを抱えた若手教員の想いを解決しようと業務改善にチャレンジ！／校長先生や用務員さんの協力を得て、職員室前廊下に配布物棚を設置。机上の文書整理から教職員のストレス軽減他、学年に配布物係ができたことで役割や責任を持たせ、意欲向上へと繋いだ。／東山百合枝・岩手県一戸町立奥中山小学校・20

1、関連する道徳の内容項目
　A‐(1)自主、自律、自由と責任
　C‐(15)よりよい学校生活、集団生活の充実
2、目的
　・生徒に整理整頓を身につけさせ、個人の持ち物、学級共有の物品の管理能力を養う。
　・今後、クラス替えが行われても、どこに何があるのか、どこに何をおけばよいのかを生徒自身がわかるようにする。
　・どこに何をしまわせればよいのかの指示や整理整頓が苦手な生徒に対しての指導を、クラス担任以外の教員でもできるようにする。
3、実践内容
　(1)教室前、黒板に向かって左手側に、一列×三段のカラーボックスを置く。中には、教科・委員会等のファイル、道徳の教科書・ノート、学活・総合ファイルを入れる。入れる場所は、学年でそろえる。
　(2)ジャージ・制服は、ハンガーラックに掛ける。(ロッカーに入れない)
　(3)教科書類は、整理ケース・机に収納する。整理ケースは、窓側のメタルラックとカラーボックスに置く。
　(4)かばん、リコーダー、美術セット、水筒、その他上記(1)～(3)に入らないものは、ロッカーへ入れる。かばんは中身を空にしてロッカーへ入れ、危険につながる要素(紐がロッカーからはみ出ているなど)を作らないように指導する。
　　　　　　　　　　　　　　　(以下、各会議での意見表・レイアウト図等は省略)

で、担任だけでなく、副担任からも回答があり、教室環境整備の意識が浸透してきていることを感じた。

プロジェクトの成果

　この取組を通して、本校の教室環境は、学級・学年裁量から、校内統一教室レイアウトへと変化した。

　アンケートの結果、ハンガーラックが倒れにくくて良いという意見があり、安全面に貢献できたと分かる。一方で、ICT機器や時期限定の備品について、生徒の動線に配慮した場所を求める意見も出た。GIGAスクール構想で各教室にICT機器が増える中、限られたスペースでどう安全性を確保するかは今後の課題である。生徒の反応が読み取れる部分としては、生徒自ら整理整頓しやすくなったという報告や各学級にボールをそろえても

🏳選 財務マネジメント視点で徴収金業務の統一化／財務マネジメントの観点で徴収金を見直すことで、安全性の強化、保護者負担軽減、教員多忙化の解消を図る。／公費、私費を統括し立案することで徴収金の減額が図られ、自動払込やネットバンキングを活用することで児童の金銭トラブルを防止し、業務を一手に担うことで業者支払の遅延防止や教員多忙化の解消につながった。／菊池和人・岩手県釜石市立小佐野小学校・23

らい昼休みに外で体を動かす生徒が増えたという記述があり、生徒の自主性の育成にも貢献できたと思う。ボールは、レイアウトを議論する中で、学級に必要な物品についても話題が発展し、購入したものである。また、アンケートに多く上がった表現としては、分かりやすい、整理しやすい、そろっていて良いがあり、これらは教員の指導の一貫性につながったのではないかと考える。

　取組の過程では、戸惑いや失敗談もあったが、アンケート結果を見ると、生徒にとって安全で快適かつ教員が指導しやすい教室環境整備という筆者の当初の目標は、概ね達成されたように思う。またこの取組は、教職員協働により、学校として教室環境を考えたことに意義があったと考える。

おわりに

　今回の教室環境整備の取組は、本校の実態、校長の学校経営方針と助言、教職員の協力が大きかった。場所やメンバーが変われば、できることもやり方も異なるように思うが、筆者はこの取組を通して、実践の手がかりを３つ得たように思う。第一に、管理職と理想像や課題を共有することである。管理職の考えに触れることで、何をなすべきか見えてくることがある。また、自分の気づきを伝えることもアクションを生み出す重要な一歩になり得る。第二に、実態を見聞きすることである。自分で見聞きし確かめることで、気づきが得られ、課題発見につながる。しかし、事務職員の立場でどこまで関与できるかは難しく思う。そこで第三に、思いを形にするために必要な仲間を見つけることである。誰かと思いを共有し協働することで、事務職員もより良い教育作りに貢献できると思う。

　今回の取組を支援し協働してくださった管理職、教員に感謝し、これから出会う人や環境の中でも、学校事務職員としてできることを模索していきたい。

（廣田美咲）

百選 色覚対応チョークの検証／色覚対応のチョーク（朱赤）が、従来の色と見た目が大きく異なったため。／スマートフォンのアプリを使い、色覚異常の際に見える色を確認し、購入する際の参考とした。／佐々木勇治・宮城県石巻市立門脇中学校・25

✏ 報告当日の受講生によるフィードバック

🗨 林恒輔さんからのフィードバック

　廣田さんの報告から、実際に校内をまわってみる、現場を見てみる、ということが大切だと再認識しました。課題に気づいた後、そのままにせず解決に向けて行動に移すということを、見習わなければならないと思いました。

　そして何より、問題意識を共有し校長先生をはじめ先生方の理解を得ながら実践を進めることに意義を感じ、取組において成果を出されていることに感心しました。また実践時の情景や失敗談などは自らの取組にも生かせる部分があると受け止め、イメージを膨らませることができました。この実践を踏まえ、その後の消耗品費の使い方などにも変化があったのではないでしょうか。ぜひ伺ってみたいと思いました。

🗨 杉上厚史さんからのフィードバック

　採用2、3年目でありながら、校長先生とのコミュニケーションや自身の日直業務から、教育支援の方策に気づき、実行に取り組んでいることに感心しました。

　廣田さんがこのような視点を持たれている背景には、校長先生の普段からの事務職員への関わり方があると感じます。校長先生の日々の声かけ、事務職員への要望などが事務職員の人材育成に重要だと感じました。校長先生の事務職員への期待度の高さから、共同実施組織の室長さんも管理職との連携が取れているのかな、共同実施のメンバーの協力（応援）もあったのかな、など、この取組の背景をもっと知りたくなりました。

百選 学校事務マネジメントの取組／職務規定が「事務をつかさどる」に改正されて、校内事務をマネジメントする必要があると考えたため。／職員会議要項に「事務長連絡」の項目を位置付けて、教職員に関わる事務をあらかじめ連絡したり、条例等の改正内容を周知したりすることで、校内事務の見通しが立てられるよう支援した。／藤田基成・宮城県大崎市立鳴子小学校・33

教育環境の充実を目指した業務改善

はじめに

　今日、「業務改善」や「働き方改革」という言葉が学校現場でも当たり前のように飛び交うようになった。平成29年には中央教育審議会初等中等教育分科会の学校における働き方改革特別部会が「学校における働き方改革に係る緊急提言」により、事務職員を活用することで事務機能を強化し、業務改善の取組を推進するように努めることを求めた。また、筆者が勤務する鹿児島県の教育委員会は、平成30年3月に「学校における業務改善対策」を示し、平成31年3月に「学校における業務改善アクションプラン」を示した。その重点取組の一つとして、教員の事務負担軽減をすべての学校で実践することを求めた。

　これから述べる業務改善の取組は、前任校である霧島市立三体小学校（山下佳子校長）において、筆者が事務職員経験5年目の平成29年度から取り組んだものである。その学校は全児童数20名程度のへき地小規模校であり、全職員数は10名程度であった。少人数の職員に業務が割り振られるため、一人当たりの業務負担が必然的に大きくなり、教員の児童に向き合う時間が減ってしまう現状を、筆者は赴任当初の平成28年度に感じた。また、各職員に割り振られた業務には会計等の事務的な業務も含まれ、それをすることが当たり前のことだと皆が思っているように感じた。そこで、筆者はこの当たり前という意識を変え、管理職や各職員の理解を得ながら、業務分担を見直すことができれば、教員がもっと児童に向き合う時間を確保することができると考えた。しかし、筆者も事務職員として日々業務をこなす中で、決して忙しくないわけではなかった。業務の質を落とさず効率化し、事務職員である筆者に教員等の担当している事務的な業務が移譲されれば、職場の業務改善に寄与できるのではないだろうか。この現状を打開するために行った取組の実際と成果の検証、そこで得られた教訓につい

百選 学校諸経費（預り金）の未納金削減／年度末の学校諸経費（預り金）の未納金が高額で回収にかかる時間や負担が大きいため。／学校体制として、預り金と就学援助の担当を統一して学年1人ずつ配置し、情報共有と発信の強化。未納へのアプローチとして毎三者懇談会ごとに未納額と納付依頼の作成、高額滞納者は三者懇談会時に分割納付の提案。／髙田志帆・京都府京都市立山科中学校・3

て述べる（データや写真等の掲載については前任校に了解を得ている）。

仮説の設定と取組の実際

(1)仮説の設定

【仮説1】まず筆者の業務の効率化を図ることで、職場全体の業務分担の見直しがスムーズ行えるようになるのではないか。

【仮説2】実際に筆者へ業務が移譲され、それらを効率化していくことで、業務移譲により筆者へ過度な業務量が集中する懸念を解消できるのではないか。

【仮説3】仮説1及び仮説2の取組を通して、筆者の教育支援の量と質が高まり、学校運営の質的向上に寄与できるのではないか。

(2)取組の実際

ア　仮説1について

　まず、筆者は事務室内の執務環境を改善した。業務遂行における動作の無駄を最小限にすることができるように、ゴム印等の利き手で使用する物をすべて利き手側に配置し、引き出しの中の物や、パソコン内のデータは最小限になるように整理した。また、消耗品等の物品は大まかな定位置を決め、できる限り少ない量で管理できるように整理した。次に、タイムマネジメントのシステム構築を行った。A4コピー用紙1枚のTO-DOリストで、1週間の業務を、時間をかけずに一括管理する方法を確立した。その後、校内各所に散らばっていた備品等の物品を整理し、各教室及び備品整理棚の物品管理が容易にできるようにした。この際、全職員に使用した物は元の位置に返却するように依頼した。

イ　仮説2について

　前述の取組が軌道に乗り始めた頃、校長や教頭、関係職員と相談しながら、平成29年度から2年間で学級費会計事務や教科書給与事務などの7業務が筆者に順次移譲された。その際、教員等から「他の学校では教員がす

自選 文書及び物品管理方法について校内研修実施／職員の机上整理、机中整理ができていないことで、書類の紛失や探索にかける無駄な時間を減らしたいと考えた。／教職員に対して研修を行う場を用意してもらい事務職員が講師となり文書・物品管理の方法についてレクチャーした。整理はミス防止、探し物時間の解消などにつながることの理解が深まり、働き方改革にもつながった。／北詰泰久・群馬県伊勢崎市立第一中学校・35

事務職員へ業務移譲された7業務

①就学援助事務	教頭から事務職員へ（一部担当からの完全移譲）
②学級費会計事務	教員から事務職員へ（一部担当からの完全移譲）
③教科書給与事務（補助教材含む）	教員から事務職員へ（担当なしからの完全移譲）
④教材備品の管理	教員から事務職員へ（一部担当からの完全移譲）
⑤ICT施設設備の管理	教員（情報教育担当）から事務職員へ（担当なしからの完全移譲）
⑥広報・掲示（教室外の校内設営）	教員から事務職員へ（担当なしからの完全移譲）
⑦職員厚生会計の事務	学校主事から事務職員へ（担当なしからの完全移譲）

るのが当たり前なのに」「今より業務が煩雑になるのではないか」「自分の判断で支出できる財源がなくなることが不安だ」といった意見も少なからず出た。

　しかし、きっと結果が出始めれば、その有効性を理解してもらえるはずだと信じて続行した。その後、すべての移譲された業務について効率化を行った。紙面の関係上、ここではその内の二例を示す。

　まず学級費会計事務の効率化を行った。各学年及び修学旅行費積立金、卒業アルバム購入費積立金の会計を一本化し、筆者が負担なく、予算から決算までの事務のすべてを遂行できるようにシステム化した。次に、校内設営（掲示）の業務を効率化した。教室以外の校内の掲示板を学習、防災、イベント、委員会、学校経営、学級経営というようにテーマ別でコーナー化することで、掲示すべき物を判断しやすくした。また週1回から2回、業務の隙間の時間を使って貼替等の作業を行うことをルーティーン化した。こうして取組の効果が表れ始めた頃、各職員が業務移譲の有効性について実感し、少しずつ理解を示してもらえるようになった。

ウ　仮説3について

　前述の取組により業務の効率化が進み、筆者に時間的余裕が生まれるようになり、その時間を教育支援の業務に充てられるようになった。取組を始める以前から営繕やICT機器、教具等の作成が得意であったこともあり、それらの強みを生かして、児童が安心かつ安全に学習できる施設設備

百選　生徒の主体性を伸ばす生徒会集金廃止／保護者負担軽減のため、生徒会費の執行率が悪く何のために集めるのか疑問をもった、生徒との関わりを増やす。／生徒会費の集金廃止を行い、生徒との予算ヒアリングを行った。／高橋綾乃・高知県いの町立伊野南中学校・1

34

管理の即時対応やICT環境整備とその活用の支援、コストを極力抑えたオーダーメイド教具の提供等を行った。また、このような取組

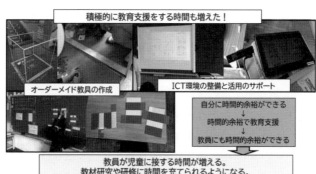

を行う中で、掃除の時間に何度も「箒の先が曲がってしまうから掛けなさい」と教員が児童に指導する場面に遭遇した。しかし、肝心な掃除用具棚のフックが壊れていることに気が付いた。このような物的環境の不備による教員の時間のロスを削減しなければならないと思い、養護教諭と協働して、校内全体の掃除用具棚の整備を行った。その後、児童が掛けやすい高さにフックを設置し、整理された状態の写真を掃除用具棚の扉の内外に掲示しておくことで、教員が指導しなくても、児童が自ら箒を掛けるようになった。

エ　他校への情報共有

自校での取組を他校でも生かしてもらえるよう、取組の結果について、共同実施や研究大会、学会等で積極的に情報共有した。この時に生じたさまざまな質疑に対しては、できる限りその有効性を理解できるよう、資料を示したり、時には現場を見てもらったりして、丁寧に回答した。

プロジェクトの成果検証

⑴仮説１について

筆者の業務の効率化が進むにつれ、業務遂行上の動作的無駄が減り、各

百選 コロナ感染症対策補助金の予算情報収集／コロナ感染症対策補助金の予算に関する情報がほしいと学校長より相談されて、他校の現状を知るために。／コロナ感染症対策補助金の予算情報収集として、佐賀市事務研究会のほうに市内の学校が何を購入検討しているかデータベースを随時更新するようにした。他校の最新状況を参考に学校長の判断に役立ち好評だった。／北原武・佐賀県佐賀市立本庄小学校・10

業務に要する時間が減った。結果としてスムーズに筆者への業務移譲がなされた。

(2)仮説２について

　平成29年度と平成30年度の筆者の年間総超過勤務時間及び総休暇取得日数を、取組開始前の平成28年度とそれぞれ比較した。比較のためにこの期間の出勤時刻は始業５分前に固定した。年間総超過勤務時間についてはそれぞれの年度と平成28年度とではほぼ変わらず、総休暇取得日数は平成29年度では大幅に増え、平成30年度は平成28年度とほぼ変わらなかった。このことから、業務の効率化を図りつつ、業務移譲がなされたことで、業務の従事時間の増加はなかったことが分かった。また筆者の担当する業務の数や種類はこの２年間で増加したが、実感として負担はあまり感じなかった。この結果から、業務移譲と同時に業務の効率化に取り組むことで、過度な業務量が筆者に集中することの懸念を解消できたと考えた。

(3)仮説３について

　仮説１及び２の取組により、筆者は時間的余裕を生み出し続けることができるようになった。それにより各職員や児童とコミュニケーションをとる時間が増え、ニーズを的確に把握しながら求められる物や環境を迅速に提供できるようになった。また、教員等と対話し、実際に教育支援に取り組む中で、筆者の学校現場で働く職員としての視野が広がり、教育環境の改善についての気づきが増えた。それが教育支援の量及び質的な向上につながったと考えている。

(4)総合的な成果の検証

　筆者への業務移譲により、７つの業務が教員等の手から完全に離れ、各職員の業務負担が大きく減った。それにより、「会計等の事務について全く考えなくてよくなった」「授業の準備のために放課後買い物に行くことが減った」「必要な物をすぐにそろえてもらえて助かる」といった意見をいただいた。教員が従来していた教具の管理や教育環境の整備の時間は、児童

百選 新採職員のための年間業務スケジュール作成／初任時に年間を通じた業務の見通しが立てられず不安だったので、全体の業務量把握と遂行計画を立てるため。／携わったすべての業務を提出〆切をもとに並び替え、ゆとりを持って遂行できるよう年間を通じてスケジューリングした。確認した資料や問い合わせたこと、反省点をふまえて毎年ブラッシュアップを図っている。／隈田原渚・埼玉県所沢市立柳瀬中学校・2

に接する時間や教材研究の時間に代わった。児童の誘いを断らず、昼休みの時間に校庭で寝転がって空を眺めている教員を見かけたときには、それを実感できた。会計の管理が事務職員に集中し、財源の把握がしやすくなったことに加え、学校全体の物的環境が整ったことから、「ぜひこの備品使ってください」「これは学級費からでなく、学校の予算から出しましょう」といった財源や物的資源を適所に配分する提案ができるようになった。これにより教員等にそれらを最大限に生かしてもらえるようになった。このような成果の検証から、筆者は事務職員への業務移譲が、事務職員の業務の効率化とセットで行われることで、学校全体の業務改善に有効であり、学校運営の質的向上にも寄与できると結論付けた。

おわりに

このような取組を行って、「何事もまず始めてみて、結果が出るまで止めないことが大切である」「取組を他者と共有することで自校以外の役に立つこともできる」という二つの教訓を得た。一つ目についてであるが、せっかく思いついた良いアイデアも、初めの一歩を踏み出さなければ形になることはなく、臆さず踏み出すことが大切であると思った。それと同時に、何かを始めると必ず、自分と違う考えを持った人や自分の思い描いているビジョンが伝わりきらない人が現れる。しかし、結果が出るにつれて自ずと理解してもらえるようになり、賛同者が増える。このことから、反論について受け止めつつ、結果が出るまで継続することが何らかのプロジェクトを達成するためには必要であると思った。二つ目についてであるが、取組について自校の中だけで満足せず、他校と情報共有することで、「私も学校でやってみました」や「とても良い取組だと思います」という声をいただけるようになった。それがモチベーションのアップにつながった。また、たくさんの改善点も得ることもでき、より良い成果を出せたことにつながったと感じている。

今後もこの取組を応用してより学校運営の質的向上に寄与し、児童生徒

百選 時短術の共有／小さなヒントが職員の働き方改革のきっかけとなるように。／事務室で発行している校内報に毎月2・3個程度の仕事で役に立つPCショートカットキー等を掲載。職員の各業務に役立ててもらうようにした。意外と好評。／中村奈千・埼玉県さいたま市立大砂土小学校・20

の未来と笑顔のために働きたい。 （下堂薗公平）

✏ 報告当日の受講生によるフィードバック

💬 吉見隆史さんからのフィードバック

　優れた実践がどんどんと広まっていけばよいのですが、現実にはなかなか思うようになりません。以前、事業を進め広げていく上でアイデアキラーの存在が大きな壁になった、という講演を聴きました。取組を広げていくためには、「ニーズの掘り起こし」、そして、「賛同者と組織への働きかけ」等が必要なのではないかと考えます。その意味で下堂薗さんが実践されたサーバント型のリーダーシップはとても効果的だと感じました。業務移譲の様子を見た管理職の先生方からは「彼が実践した業務改善のあり方を学校全体に広げれば、さらに子どもに向き合う時間を確保でき、退庁時刻も早くなるかもしれない」と、この取組を取り入れてみようとする可能性が高まるように思います。2時間にも及ぶ発表の機会が得られたとのことでしたが、「広げるプロジェクト」をスタートするための条件が整ってきていたのではないか、と思いました。

💬 谷明美さんからのフィードバック

　気持ちの良い実践です。私も若い頃は「気にしない」（今も気にしないフリ）はしていましたが、今後、経験を積みリーダーとしてマネジメントしていく上では、「気にしないフリをして気にしていく」のもいいかなあと、歳を重ねて感じます。さまざまな個性的な仲間がいますが、チームとしてできるだけ多くの理解者、仲間を作ると、それだけより良い学校づくりができるような気がします。結構、大変ですけど……。子どもも教職員もみんながハッピーになれるのではないかなと思うのです。でも、下堂薗さんは、このように伝達することで、仲間を作って良い活動を広めていますし、学校でも少しずつ理解を得ていたようなので、安心しています。誰一人取り残さない、質の良い教育を目指して、これからも共に頑張りましょう。

🏅選 旅費関係簡易マニュアルの作成／学校事務職員向けの旅費についてのマニュアルがなかったため。また、初任者支援の資料としての側面もある。／他市で数年前に作成したマニュアルをいただき、増補・改訂のうえで平成31年3月に山形市向けに発行。令和2年3月にも内容の見直しを行い、同年12月には県事務職員協議会のホームページに掲載していただいた。／髙橋杜於・山形県山辺町立作谷沢小・中学校・3

3 財務からのアプローチで情報引継体制を構築する取組

はじめに

学校における働き方改革が求められる中、京都市では「学校・幼稚園における働き方改革推進宣言」が策定され、取組が進められている。宣言ではタイトルの中に「教育の質の向上を目指し」という文言がある一方で、教員の超過勤務や休日出勤等の多忙さについても触れられている。

この二つの目標を達成しようとする政策は、「二兎を追う学校づくり政策」（藤原、2019）と表現されることもあるが、本校においても働き方改革の重点目標として「子どもと向き合う時間を確保する」「質の高い教育を実践できる環境を整える」を掲げている。

本稿は後述する自校で生じた出来事の原因が引継の不明確さにあるのではないかと感じた筆者が、働き方改革に貢献すべく、機能的な情報引継体制の構築を目指して取り組んだ実践である。

筆者が勤務する京都市立新林小学校（水田眞吾校長）は、当時（平成30年度）、15学級、児童数350名、教職員数36名の中規模校であった。4月には校長をはじめ、養護教諭・事務職員（筆者）といった一人職の教職員を含む9名が人事異動により転入した。筆者にとっては採用3年目にして初の所属異動であり、事務職員一人配置校での勤務であったため、期待と不安の入り混じった年度始めを迎えていた。

筆者にとって、その不安を象徴するいくつかの出来事があった。その一つは、校外活動についてのエピソードである。新年度担当となった教員が、当日必要な費用を把握しないまま出発してしまい、体験先に迷惑をかけてしまったことがあった。この出来事は、管理職を含む教員が改めて現地に謝罪に出向くことで解決した。しかし、この出来事の対応に必要だった時間を、子どもと向き合うための時間として使うことができたなら、働き方改革につながるのではないか、と筆者は考えた。

百選 子どもたちの意見を予算に取り入れよう／職員では気付かない子ども目線で見た危険なところ、直してほしいところを洗い出し予算に結び付けたかった。／修繕関係に的を絞った子どもアンケート（3〜6年対象）を実施し、一部アンケート内容を予算要求に反映した。今年度は要求した物品を購入する時に、色を投票により子どもたちに決めてもらう企画を計画し行った。／西川亜希子・山梨県笛吹市立石和北小学校・19

この出来事の原因が、前年度からの引継体制と役割分担の認識に相違があるのではないかと推測した。それは、ある分掌主任から筆者に、活動に使用する物品の在庫保管場所について問われたからであった。前任校では、担当分掌に関わる物品管理は、各分掌の主任が行っていたため、担当者からこの質問が来たことを筆者は不思議に感じたのである。

　この経験によって、筆者は初任校の校内体制が全市共通のものではないことを認識した。そして、初めての人事異動において、筆者と前任者との間で必要と思われる引継を行ったのだが、筆者から積極的な質問をしていなかったこと等を振り返ると、引継ぎが不十分だったのではないか、という思いが生まれた。このような状況で人事異動が繰り返され、結果として、校内で次年度に引き継がれるべき情報が共有されていなかったのではないかと感じた。そこで筆者は、財務全般に関する本校の情報引継体制を整備できれば、次の二つのことに貢献できるのではないかと考えた。一つ目は、教員が子どもと向き合う時間を確保するという点。二つ目は、新年度の分掌担当者がスムーズに業務を進められるという点だ。

　これらが実現できれば、教育の質の向上に繋がるのではないだろうか。そう考えた筆者は、本校の財務担当者として、財務からのアプローチでより良い情報引継体制を構築することを目標に、次の取組に着手した。

情報引継体制構築に向けた取組（二種類の引継シートの作成と活用）

　筆者は教員との雑談の中で課題解決のヒントを得ようと試みた。すると、教員間で情報の引継が十分でないケースがあることが分かった。例えば、前担当者が紙ベースで記録を残すが、その記録を校内で共有することなく、そのまま新任校へ異動してしまうというケースである。

　学習指導や生徒指導、学級経営といった教員が担う業務は一年中途絶えることがなく、分掌ごとに十分な引継を行うための資料作成と時間の確保ができないのではないだろうか。一方、事務職員は、確実な記録とマニュアル化などによる業務改善が得意分野であると言える。そこで、筆者は

百選 みんな知っとこ掲示板／学園生たちへの情報伝達を効率的に行いたい。／余っているTVを玄関に設置して、電子看板（デジタルサイネージ）として利用。操作は、職員室のPCから可能なように接続した。／松田幸夫・滋賀県長浜市立余呉小中学校・34

「情報を記録して引き継ぐ文化」を、無理なく定着させようと二つの引継
シートを提案した。

(1)分掌引継シートの作成と活用

氏名：	分掌：	分掌　引継シート	
	物品管理	その他	
例) 全般	例) ・〇〇については4月当初に必要なため、前年度末に購入済み。(毎年、年度末に購入して次年度に引き継ぐようにしている。) ・〇〇が7月頃に必要になるため、必要数を事務室に依頼する。ストックは南校舎階段下に保管している。ストックが減ってきたら、必要数を事務室へ依頼する。　　など	「いつの時期に何をしなければならないのか」が明確になるようにしてください。	
例) 〇月	・春休みに向けて教室のワックスについての必要数を取りまとめて事務室へ伝えた。(ストックは南校舎の階段下に保管)	例) 〇〇コンクールへの作品提出締切	
	物品管理	その他	
全般			
4月			
5月			

「分掌引継シート」については、分掌担当である教員と財務担当である事
務職員の双方の視点が必要との思いから、管理職2名と教務主任を交えて
シートの内容について検討した。表はまず「物品管理」と「その他」の項
目に分けた。物品管理欄には保管場所やストックの状況等の物品に関する
情報を記録し、その他欄には作品コンクールの応募時期などを記録するこ
ととした。表の縦列は4月から3月までの月ごとに区切った。このシート
の入力が完成した時には「いつの時期に何をしたのか」という年間の記録
が残るイメージだ。

　たとえ次年度担当者が本校への新着任者であっても、年度始めに目を通

百選　ピンチをチャンスに／管理備品費の慢性的な不足により老朽化した扇風機の買い替えやプリンターの整備ができなかった。／新型コロナウイルス感染症対策予算を活用して、換気対策としてのサーキュレーター効果を兼ねる扇風機を整備し、印刷室の密を回避するための対策として印刷機の分散に併せてプリンターを整備した。／矢島康宏・鹿児島県鹿児島市立原良小学校・30

すことで、年間スケジュールのイメージが湧きやすい。そこに新年度の取組や昨年度との変更点などについて書き加えれば年度計画の策定もスムーズに行えるなどの効果も期待でき、見通しをもつことによりミス防止や心のゆとりに繋がる。

(2)「行事引継シート」の作成と活用

時期	行事名・行先	行先・連絡先	案内文の保管場所	費用	現金	備考
氏名：　　　学年：						各学年　行事引継シート
例）11月	柿農園見学（総合）	柿農園（TEL○○○）	サーバー→3年	預り金	必要	・○月頃に農園と打ち合わせを行う。・現金を事務室に準備してもらう。

「行事引継シート」については教務主任がすでに類似のシートを作成していた。しかし、活用が進まず教務主任も効果的な活用方法を模索していた。その状況の中で、事務職員からも類似シートを提案することは、教員の負担になることが明らかであった。そこで教務主任が作成していた既存のシートに必要な情報を追加するなどして、教務主任と相談しながらシートを完成させた。完成したシートを次年度の担任団に引き継ぐことにより、行事に必要な事前準備等の漏れ防止に効果を発揮するであろう。

このようにして教員と協働して作成した二つのシートは、引継体制に課

百選 修学旅行業者の選定手続の透明化／これまで教員だけで行ってきており、手続きに際し公平性や透明化に疑問があった。／指名業者の基準、決められた条件下でのプロポーザルの実施、選定委員に当該学年のPTA役員を入れる、評価の点数化、結果の公表。事務職員としての専門性が発揮できた。／嶋田真一・秋田県教育庁総務課・26

題を感じていた管理職の理解も得られ、職員会議で提案することができた。そして、学校の共有フォルダ内に「引継フォルダ」の作成をしてもらう、という後押しもある中、筆者が着任した翌年度当初から活用が始まった。

取組の成果

現在のところ「分掌引継シート」に関しては限られた教員が活用している状況である。教員からは「前担当者が記録してくれていればありがたかったのに」という声や、「私が異動する時には次の担当者にとって役立つと思うが、私にとっては記録する負担がある」という声が寄せられている。前述のとおり教員は年間を通して多忙であり、その都度記録を残すことが難しく、実際に役立つのは次年度以降、という点が要因として挙げられる。しかし一部の教員からは「このシートのような手だてが必要だ」など、この取組を支持する声も聞かれる。

「行事引継シート」に関しては新型コロナウイルス感染症の影響により、ほとんどの学校行事が中止や縮小となったため成果の検証ができていない。例年通りの活動が再開された際には、令和元年度の記録が活かせるよう、記載内容の充実を図りたい。

おわりに

筆者は、財務からのアプローチにより、引継の不明確さを解消することを目指して取り組んだ。しかし、情報を記録する手間さえも惜しいほどに教員が多忙であることを改めて理解した。

教員が多忙な中でも、必要な情報を漏れなく引き継ぐことのできる仕組み作りが必要である。そのためには事務職員である筆者が、年間予算の執行管理や各分掌の物品管理について得た情報をより積極的に提供したり、自らもシートの管理を行ったりする必要がある。今後は、学校行事と学校

百選 万代高等学校地域協働活動推進プロジェクト／新潟市地域と学校パートナーシップ事業実施に伴い平成31年4月に地域教育コーディネーターが配置された事。／地域連携担当教職員として、キャリア教育プログラムにかかる連絡調整業務等をコーディネーターとともに担当し、管理職、教員の多忙化解消につなげている。さらに地域活性化支援活動を進め学校と地域つなぎを進めている。／恩田裕也・新潟県新潟市立万代高等学校・11

運営予算をリンクさせ積極的にその記入欄に書き込みを行うなど、教員の手間を最小限に抑える、という視点から取組を充実させていきたい。

　今回の取組から、筆者は次の教訓を得た。より良い提案をするためには教員との対話を通じて教育活動への理解に努めること、また取組に必要なスキルと専門性を高め主体的に財務運営に関わることである。教育活動全体の動きを理解し、その動きに寄り添ったより効果的な財務運営を通して、負担感の少ない引継の仕組みを作ることができるのではないだろうか。普段の職場環境や子どもに関する教員との会話から得られる情報、校内巡視や授業参観からの気付きなどを大切にして、課題の解決に活かしていきたい。

（船橋武士）

✎ 報告当日の受講生によるフィードバック

💬 吉見隆史さんからのフィードバック

　校務や行事の引継は、地域からの信頼を得るうえで大変重要なものです。地域の方々は、年度によって学校の職員構成がどのように変わろうとも、同じ「学校」として見ています。学校が取組の方向転換をしようとした時、しっかりとした信頼と繋がりがなければ、地域とのトラブルを生み出す火種になりかねません。この実践は、学校にとって大変重要なものです。報告後のアドバイスをもとに、ぜひ研究を進めてほしいと思いました。

　15年ほど前に、コミュニティ・スクールの研究発表会に参加しました。3つの小学校が統合した新しい学校であり、地域との関係づくりが欠かせないとのことでした。発表会に参加し、「熟議、協働、マネジメント」の機能を育て働かせることが大切であることを知りました。これにより、より一般的な現場に適用できるようになってきたのではないかと思います。研究の重要性を感じました。

💬 大天真由美さんからのフィードバック

　学校としての課題「PDCAサイクルの不完全さ」に取り組む、良い視点だと思いました。事務職員として、学校全体を俯瞰して見て、担当の困

百選　閉校・統合〜板倉小学校開校に向けて〜／3校統合に向けての学習環境の整備と開校準備を進める必要がある。／職員の意見を集約し、「修繕・改修要望」を作成し市教委へ要望。校舎工程会議に出席し改修工事に関わり、工事等内容把握し備品等移設や購入備品を検討した。統合校からの移設備品に関して業者運搬委託を要望した。／上野智子・新潟県上越市立針小学校・33

り感にも対応しようとしている。大義は十分ですね。

　実は私も、以前教員を巻き込んだ取組で、完成像に重きを置きすぎて失敗したことがあります。集めるデータ項目が多ければ多いほど内容は充実しますが、作成に時間がかかり、数年経つと、手を出しづらくなって学校内で根付きませんでした。書きやすく、見やすく、活用しやすいフォームや方法を、校内だけでなく共同学校事務室でも協議してみてはどうでしょう。一斉に導入していく方法を相談しながら、校長会とも話すしくみとセットで考えると、より進んでいくのかなとも思いました。中学校区や市内統一した取組につなげられれば、教員の負担も減り、PDCAサイクルも機能していくことと思いました。

4　学校徴収金業務改善に向けて組織間連携強化を目指した取組
～課題解決に向けた若手事務職員からのアクション～

はじめに

　筆者は現在、採用4年目であり、初めて赴任した高松市立植田小学校（姫田朋樹校長）に勤務している。採用2年目（平成30年度）の終わり頃には、日々の業務にも慣れ、業務改善したいという思いが湧いてきた。そこで、まず採用当初から担当している学校徴収金事務から取りかかった。この業務は、保護者からの学校徴収金の引き落としができず、未納金が発生すると、事務作業が複雑になり困っていた。当時、校内で教員と未納金について話をすると、教員も保護者への督促の連絡が負担に感じており、さらに保護者と学校との関係性の悪化を懸念していることが判明した。また、近隣小・中学校の事務職員が集まる共同実施グループ連絡会の情報交換において、他校も同様に困っている実態を知った。

　一方で、高松市の事務職員が所属する研究団体（以下「事務研」）の研究の方向性も、実務的なマニュアル作りから、市内の課題解決に転換する過渡期であり、平成30年度から共同実施組織とのつながりを重視した組織へと改編した。事務研では研究として、共同実施組織では業務として、課題

百選 教務としての事務職員～学校を変える！～／当時、長期療養休暇でお休みする教員が続出、原因を探り具体的な対策が必要と強く思ったのがきっかけです。／学校の一年を決める重要な仕事に年間行事予定の作成があるが、これを事務職員が中心となり先生方と連携協力しながら作成、行事等の見直しや授業時数の調整を積極的に進め、カリキュラム・マネジメントを実践した。／中村耕平・神奈川県逗子市立逗子小学校・12

解決にアプローチできるように、各共同実施グループのグループリーダーを各研究班担当GL（以下「担当GL」）として位置づけた。また、事務研担当の複数の校長も、これまでは総括顧問的な存在であったが、担当GLと同様に各研究班の専属の指導・助言者とするため、各研究班担当校長（以下「担当校長」）として位置づけた。このような経緯があり、学校の課題解決とも連携し、業務改善に関する研究を推進するための環境が整った。

　筆者は令和元年度から事務研運営委員を務め、同年発足した「学校徴収金未納対策班」のリーダーとなった。班活動に先立ち、担当GLと話をする中で、担当GLが長期的な視野に立った学校徴収金業務改善の構想を持っていることを知った。筆者は、ぜひ担当GLと共に改善に取り組みたいと考えた。

　令和元年度初めの班活動において、学校徴収金についての問題点を話し合い、徴収金額を減らす方法を検討した。その際に、平成30年度まで高松市教育委員会（以下「市教委」）学校教育課長であった担当校長より、「市校長会としても未納金問題に悩んでいる。それぞれの組織だけでは解決が難しい問題だが、共有することで解決に向けて協力できるのではないか」と助言された。それを受け、メンバーは毎月の学校徴収金の集金額の約半分を占める給食費徴収業務を公会計化し、市教委に移管すると、業務改善の効果が大きいことに着目した。そして市教委担当課や市校長会との連携を念頭に置き、高松市における給食費の公会計化の実現を目指した研究を行うこととなった。

　給食費の公会計化は文部科学省により全国的に推奨されており、担当校長も協力的である。筆者はメンバーと共にこれに取り組むことが、高松市の課題解決につながると確信した。同時に研究班の取組を通じて、高松市の事務職員の意識改革と組織間連携の強化を目標とした。以下では、今回の取組を未納対策班のリーダーとして整理し、職務として進めた過程と得た教訓を紹介したい。

百選 図書室読書空間大改装プロジェクト／児童に読書習慣が根付いておらず、事務職員として、環境整備の面から学校図書館を変えてみようと考えた。／「空間としての魅力」を入口に児童にアプローチしようと考えた。棚を解体して空間を作り、既存・遊休資源を活かし、室内の配置を変え、用務員さんの製作物や、アウトドアチェア等の導入を行い、図書室の改装を行った。／白石遼・神奈川県川崎市立大島小学校・13

学校徴収金業務改善に向けて組織間連携強化を目指した取組

⑴自己研鑽・知識の共有

　筆者は担当GLと相談し、まずは公会計化についての情報収集や資料作成などメンバーの研修から始めた。しかし筆者には十分な知識がなかった。そのため、筆者はメンバーからの質問に答えられるよう事前に情報収集とその整理を行った。

　また、公会計化についての情報収集をする中で、自治体の規模によって、教育委員会の組織体制や学校徴収金の集金方法などが異なることが分かってきた。けれども高松市の状況とよく似た自治体の事例についての情報はインターネット上にはほとんどなかった。唯一、日本教育事務学会に参加した事務職員からの情報を得て、筆者は担当GLと共に鳥取県鳥取市立桜ヶ丘中学校共同学校事務室への視察を実施した。そこでは、中学校区における共同実施組織から共同学校事務室へ転換しながら、同時に教育委員会と協働して学校徴収金業務のシステム化・公会計化にも取り組んでいた。実際に携わった事務職員に詳しい経緯等を聞くと、校長会と共同実施組織による協議を経て、教育委員会と連携し検討会を立ち上げて進めたということが分かった。筆者は高松市でもこの手法を取り入れられると考え、メンバーに視察で得た情報を伝えた。さらに、メンバーと共に事務研研修会において視察の情報や、研究の途中経過を報告した。この報告にあたり、メンバーが同じ気持ちで取り組めるように、筆者の「校長会や市教委と連携したい」という思いを伝え、役割を分担して行った。コミュニケーションを大切にしながら一連の活動を行ったことで、メンバーとの結束感が生まれたと考える。

⑵課題の共有と役割の明確化

　次に、メンバーが他の組織にも所属していることを活用して班の研究内容をメンバー以外に周知した。高松市の課題解決を目指すためには、市内に勤務する全事務職員に当事者意識を持ってもらう必要がある。しかし実

[百選] 時間予算ワークショップ―オンライン―／多忙な日々から抜け出し、自分の「ありたい姿」にもとづいた生き方や働き方を目指したいと思ったこと。／有志が、オンライン上で定期的に集まり、より良い時間の使い方を検討しています。自分の時間の使い方を俯瞰したり、互いの時間の使い方をヒントに、自分の時間の使い方を改善したり、アドバイスを送りあっています。／上部充敬・神奈川県横浜市立日枝小学校・15

際にはメンバー以外の事務職員の公会計化に対する認知度は低かった。そのため担当校長は市校長会で周知し、各メンバーは事務職員へ共同実施グループ連絡会を活用して周知することとした。特に、担当校長は前任の市教委学校教育課長であった時に、市教委として給食費の公会計化に着手したかったという思いを持っていた。それゆえ自ら市教委とのパイプ役を申し出てくれた。おかげで市教委の業務の時期等を考慮し、事務研と市教委が連携して取り組めるよう計画的かつ効果的に準備を進めることができた。

　また、視察後、担当GLと共に担当校長に視察で得た情報を研究にどう活かすかについて相談したことを契機に、担当校長と班の中心メンバーの定期的な協議が始まった。そして、具体的な活動内容や先を見越した班の方向性について話し合うことが可能となった。メンバーが参集することについては、担当校長による校長会での取組の周知により、メンバーの所属校長の理解も得られている。協議の前後には、筆者は担当ＧＬに疑問点や提案事項などを相談し、アドバイスを受けてメンバーと活動できている。メンバーから各共同実施グループへの周知に際して、筆者は、メンバーに困っていることはないか声掛けを行った。その結果、共同実施グループ連絡会での周知の際の想定問答を検討でき、メンバー全員が周知内容について理解することができた。加えて、周知後はメンバーから他の事務職員の反応を聞くなど、積極的にコミュニケーションを取ることを心がけた。このことにより、筆者のみならずメンバー全員が自分の意見を自由に言い合える心理的に安定した関係性を築くことにつながったと考える。

(3)市教委への情報提供

　令和元年度末には給食費公会計化に向けて高松市の参考になると思われる事例を資料にまとめ、担当校長を通じて市教委に提出した。その結果、令和２年度半ばには市教委と班の懇談会が持たれた。そこで、現場の問題点が分からないという市教委の悩みを知った。また、この懇談会をきっか

百選 トイレ改修工事への対応／トイレ改修工事により、全トイレが仮設化、水道も一部使用禁止となったため。／工事準備段階から打ち合わせに参加し、コロナ禍かつ厳寒期における仮設トイレ使用や感染防止のため、必要物品のリストアップと購入、予算獲得、対策を行うと共に、職員や児童の想いを取り入れた設備選定を行った。／大塚真理・青森県八戸市立西園小学校・40

けとして筆者は市教委担当との連絡調整窓口となった。さらに、市教委から公会計化の資料作成について依頼された。筆者はメンバーと協力して資料を作るため、学校現場への学校徴収金に関する実態調査項目の素案を作成した。その素案を用いて市教委・担当校長・担当GL・筆者・メンバーで打ち合わせ会を持ち、市教委が必要としているデータを丁寧に聞き取った。同時に調査方法等についても協議を行った。その結果、担当校長の助言により、市校長会と連携し、市内全小・中学校に実態調査を実施することとなった。調査結果の取りまとめにあたり、筆者は担当GL・市教委担当と集計について相談し、作業をメンバーで割り振って進めた。しかし、この一連の作業を一か月という短期間で行うこととなり、十分にメンバーに周知しきれず、班の中心メンバーに作業が偏ってしまった。

プロジェクトの成果と課題

　事務研の取組として二点の成果が挙げられた。まず、事務職員の意識の変化についてである。メンバーについては、自分たち自身でゼロから実態調査を行うことで、「改めて高松市の実態が数字で見えて、課題として再認識できた」「急な作業依頼があったときには、対応できなかった。スケジュールや役割分担を班の中で工夫するなどして、集計作業等に加わって分析もしたかった」という意見があった。メンバーの意欲が高まっている一方で、班のリーダーとしては、見通しの立て方や、メンバーへの依頼方法を工夫することで、よりメンバーと共に取り組むことができたのではないかと考える。メンバー以外の事務職員については、令和元年度末の事務研のアンケートで、公会計化が実現することで事務職員の業務が増加することを懸念する意見が上がっていた。その後、令和2年度末のアンケートでは、公会計化を期待する声が多く寄せられ、意識の向上が図られていることが分かった。

　また、担当校長からの実態調査結果の情報提供により、事務職員として

🏛選 保護者引き落とし口座の一本化／金融機関の振込手数料有料化をうけ、保護者への返金手続きの対応と簡素化のため。／複数ある引き落とし金融機関を、親銀行に一本化する。取引のない金融機関を拒否する保護者もいましたが、今後手数料がかかる・高くなることを理解してもらい実行している。／深澤敏之・静岡県静岡市立麻機小学校・28

も分析することができ、市内統一の学校徴収金取扱ルール策定に向けての取組につながった。

　次に、組織間連携強化という点についてである。校長会と連携し、調査を実施することは事務研において初めての試みであった。実態調査の自由記述には、「校内で学校徴収金について話をするきっかけになった」という管理職からの意見も寄せられた。市教委からは、現場を知る者が調査を実施することで、より具体的な実態が分かるデータとなったと聞いている。そして、高松市における給食費の公会計化は前向きに検討されることとなった。このことは、事務研の取組が校長会や市教委との連携を強化し、学校内でも管理職と担当者との連携を図るきっかけになったと言える。

　最後に、筆者の成果として、担当GLからは「研究班のリーダーとしては、まだ戦略を立てて取組を進めることはできていないが、相談した内容から具体的な活動を考え、すぐに実行に移すことができている。その熱意が伝わり、みんなを動かすことができている」と評価していただいた。

おわりに

　今回の取組の発端は教員との対話であった。そこから課題意識を持って事務研として行動を起こし、市教委・校長会と課題を共有することができた。そしてこのことが、事務職員だけでなく、関係機関がそれぞれの立場を意識して、より一層連携する体制づくりにつながった。

　そして、経験年数の浅い筆者が、担当GLの一番近いところでリーダーとなったことで、担当GLとメンバーの橋渡し役となるためにはどちらも尊重することが必要であると学んだ。また、今まで関わりのなかった校外の人とつながって意見をもらい、課題解決に向けて次の行動を考えることに面白さを感じている。これは自校の勤務だけでは経験できないものであり、若手がチャレンジする意義を実感している。

　筆者は、今回の取組を通じて、自分と異なるそれぞれの立場の人の意見

百選 高校に進学する子どもが必要とする情報発信／就学援助を受けている子どもが進学に当たり就学支援を受けることを教員から聞いたこと。／就学援助家庭がそのまま高等学校就学支援金制度を利用する場合があることから、就学援助事務を担う事務職員が、中学校の進路説明会で制度の概要や所得要件、手続き等について説明している。／稗田周太・千葉県山武市立成東東中学校・14

を聞いたことで、相手の立場を想像して行動することができるようになった。今後も「対話」「行動」「振り返り」を積み重ね、より良い教育環境の醸成に寄与したい。

（井川奈那）

✏️ 報告当日の受講生によるフィードバック

🔊 吉見隆史さんからのフィードバック

　未納問題は、学校単独では解決が難しいところがあります。学校で決めたルールをもとに保護者と話し合いをすると、保護者の交渉相手が学校になってしまい、感情的なもつれが生じやすいからです。保護者との話し合いの土俵では、学校以外のより大きな組織による客観化されたルールが必要です。

　ルールを生み出す組織の仕組みづくりのため、自ら外に出て、より大きい組織の中で事務部会担当校長や他校の事務職員を輪の中に引き込んでいく力強さを感じました。大きなシステム構築のためには、俯瞰的な視点をもって組織を動かす必要があると言われます。その手段の一つに、情報収集や資料作成に取り組んだことが挙げられると考えます。事務部会担当者だけでなく、市教委や校長会など、異なる立場にある関係者が互いの意見を聞き、積極的に前進させる方向に向かって協議できたことに意義を感じます。

🔊 清水貴美さんからのフィードバック

　高松市の現状では、従来からの事務処理がなかなか改善されず、さらに年々、個人情報の取扱い等をはじめ、細かな取扱いが要求されるようになり、忙しさに疲弊して、仕事に前向きになれない事務職員が多いと感じます。そのような中、今回のように事務職員からのアプローチで徴収金の見直しが始まろうとしていることは、委員会からのお達しに「従事する」のではなく、よりよい学校現場を考えた高松全体の事務改善へ向けて「つかさどる」事務につながったのではないかと考えます。この機会をチャンスととらえて、他の業務に関しても業務改善を進め、学校事務の業務を新たな学校教育活動の支援や学校課題の解決に向けたいと思います。

🎯**自選** 学校事務職員DX／デジタル化に対応できる基礎力やノンテクニカルスキル（非専門技術）の習得が必要だと考えたため。／九州圏内若手事務職員を対象にMeetを活用した基礎的なＷｅｂ会議システムの操作研修、コミュニケーションスキルを養うためのプログラム、Google for Educationを活用した業務改善事例紹介。／宮本隆宏・長崎県佐世保市立大野小学校・20

井川さんの学校事務に対する姿勢が、他の事務職員に刺激を与えて、子どもたちのために一歩前に踏み出せるようになると信じています。

5 スタディスキル〜学校の課題解決と成長の両立を目指して〜

　学校事務職員の資質・能力向上の目的は、勤務校の児童・生徒のウェルビーイング（幸福）に貢献することである。勤務校の児童・生徒のウェルビーイングに直接貢献するための時間を減少させないように、可能な限り、業務から離れて研修を行う時間は圧縮し、むしろ、業務の中で学び成長することが望ましい。

　これまで、学校事務職員の場合、一人で配属されることが多いという事情から、学校を離れた研修が望まれたこと、また、教職員が研修を受けることを善とする雰囲気が強いことから、勤務時間中に教育委員会や任意団体主催による学校を離れた一斉研修が広く行われてきた。

　しかし、学校における働き方改革が進められる中、業務の見直しが必須であること、共同学校事務室やオンライン研修・会議の普及によって学校を離れなくても資質・能力の向上が可能になったこと、さらに、職業人としての汎用的なスキル（プレゼン能力等）は職業人本人が就職前に身に付けアップデートすることが一般的になってきたこと、などの理由から、これまでの学校を離れた研修の見直しが求められている。

　そうしたことから、今後の勤務時間中における学校事務職員の資質・能力向上に向けた機会は、教育委員会によるキャリアステージに対応した節目に行う質の高いプログラム（目標―学習内容―アウトカムが一貫している）の実施を前提として、学校及び共同学校事務室での業務を通した学習を中心に設計され、その上で勤務外の時間における学校という枠を超えた「越境学習」（中原、2021）が推奨されるべきである。しかし、一人でまた

百選 データ管理の統一「学校事務あわセット」／市内小中学校で同じフォルダーを使用し、業務の平準化・効率化、円滑な事務支援を目指したから。／県教委から出された、標準的職務一覧表に基づく10の区分でデータをフォルダー分けし、財務会計の手引きや校納金マニュアルなど、市内学校事務業務に必要な物も共に保存し阿波市独自のデータベースを作成した。／久保田雄大・徳島県阿波市立土成中学校・6

は共同実施チームで業務を通して学ぶと言っても、自らが主体的に知識を構成する主体であるという「学習観」を土台とした、「スタディスキル」（学ぶスキル）が無ければその実行は難しい。

大学における初年次教育とスタディスキル

　教員から一方的に教えられることが多い高校までと違い、大学では自主的な学習が求められ、入学直後にその移行がうまくいかず、ドロップアウトしていく学生も多い。こうしたことから、21世紀以降、「初年次教育」などの名称で大学1年生に対する導入教育が行われるようになった。

　2008年にとりまとめられた中央教育審議会「学士課程教育の構築に向けて（答申）」では、大学に対し、「初年次教育」（高等学校や他大学からの円滑な移行を図り、学習及び人格的な成長に向け、大学での学問的・社会的諸経験を成功させるべく、主に新入生を対象に総合的につくられた教育プログラム）の実施を推奨した。また、2014年にとりまとめられた中央教育審議会「新しい時代にふさわしい高大接続の実現に向けた高等学校教育、大学教育、大学入学者選抜の一体的改革について（答申）」では、初年次教育を「高等学校で身に付けるべき基礎学力の単なる補習とは一線を画すべきであり、高等学校教育から大学における学修に移行するに当たって、大学における本格的な学修への導入、より能動的な学修に必要な方法の習得等を目的とするもの」として捉え直すことを提唱した。ここでは、2008年の答申以上に、主体性を持って多様な人々と協働するとともに創造性を磨くことのできる力の育成がより重視されている。

　こうした大学における初年次教育の中心が、(1)聴く、(2)読む、(3)調べる・整理する、(4)まとめる・書く、(5)表現する・伝える、(6)考える、(7)覚える、(8)時間を管理する、といったスタディスキル教育である（佐藤、2020）。近年、ほぼすべての大学でスタディスキルの育成に取り組んでおり、高校においても探究活動を重視した普通科やビジネススキルの訓練を

百選 新採職員のためのマニュアル作成／初任校に事務引継ぎのマニュアルがなく、後任も新規採用職員だったので、より詳しい業務マニュアルが必要だったため。／通常の事務処理手順に加えて、兄弟関係・設備一覧と修繕記録・年間計画にあわせた業者発注一覧などを付属したものを作成した。／吉岡未来・徳島県小松島市小松島南中学校・3

行う高校においてはスタディスキルの育成が行われるようになったとはいえ十分なものではない。

　答えを持った教師が存在しない社会人への移行に際し、学習を仲間と力を合わせて課題に向き合い、解決することを通じて知識を再構成していくことと捉える「学習観」へ転換し、スタディスキルの習得を支援するプログラムをコンパクトに、学校事務職員対象の初任者研修に導入すべきである。

業務の中でのスタディスキルの発揮とその向上

　スタディスキルを業務の中で活用すれば、以下のとおり、学校課題を効果的・効率的に解決し、児童・生徒のウェルビーイングに貢献できる可能性が高まる。

　(1)ノートテイキングや質問といった聴くスキルがあれば、うまく情報を収集し活用することができる。(2)読むスキルや(3)図書館などで文献を収集し、情報を収集・整理し、アイデアを発散・収束するといった、調べる・整理するスキルがあれば、学校が直面する課題の突破口を探したいとき、ヒントを得ることができる。(4)レポートを作成するなど、まとめる・書くスキルがあれば、優れた補助金、予算申請書、報告書、議事録を書くことができる。(5)自己表現やプレゼンテーション、ディスカッション、要約といった表現する・伝えるスキルがあれば、教育委員会や保護者・地域住民に対し、効果的に物事を説明し、説得することができる。(6)グループ学習のスキルや批判的思考といった考えるスキルがあれば、共同実施などにおいてより良い判断や課題解決ができる。(7)覚えるスキルがあれば、確実に情報を蓄積し、活用することができる。(8)スケジュールを立て実行していく時間を管理するスキルがあれば、効率的に課題を解決することができる。

　学校が直面する課題解決のために、スタディスキルを発揮し、課題解決

百選 印刷コスト削減／消耗品費の予算執行のなかで最も高い割合を占めている印刷コストについて節約したいと考えた。／事務だよりを作成し、印刷機器の価格や過去2年分の月ごとの使用状況を示して教職員へ経費節減を呼びかけた。取組の結果、前年度から約12％コスト削減でき、その分を子どもたちの教育活動へ有効に還元できた。／山本瑶子・福井県福井市清水南小学校・3

と個人とチームの成長を両立させる、これこそが次世代の学校事務職員の
働き方・学び方ではないか。　　　　　　　　　　　　　　　　　（藤原文雄）

6　準新人期の学校事務職員による業務改善

　5年前後の経験で、学校事務職員は根拠を伴った実務知識を獲得し、自
分の業務を計画的に実施することができるようになる。こうした準新人期
の学校事務職員は、会計処理や物品管理など学校事務を中心として、学校
全体の業務改善に取り組み始めることが多い。自分の仕事だけでなく、学
校全体の仕事が見え、改善点が目につき始めたからだろう。それらの取組
は、学校事務職員にとって記念すべき、初めての学校運営参画と言え、こ
の段階で学校運営参画について手応えを得ることは、その後の学校事務職
員人生にポジティブな影響を与えるに違いない。しかし、改善点に気付い
たからと言って、直ちに業務改善を進められるわけではない。

管理職及び教員集団の賛同者獲得

　まず、準新人期の学校事務職員は、管理職及び教員集団の賛同者獲得と
いうハードルをクリアしなければならない。

　学校は、前例踏襲の意識が強いと言われる。前例踏襲の意識が強い背景
には、(1)そもそも前例とは、過去に組織によって正しいと判断されたもの
であり、変更するためには理由がいる、(2)仕事が増え続け、日々の多忙の
ため改善にまで手が回らない、(3)学校組織（疎結合組織という）において
は臨機応変な対応が必要とされることから個々の教員に相当の裁量が付与
されており、教員の納得が得られなければ改善は成功しないという事情が
ある。これらの背景から、前例踏襲の意識が強い学校において、学校全体
の業務改善に取り組むことには難しさが伴う。さらに、(4)年功序列の強い
学校において、教員とは違う少数職である準新人期の学校事務職員の発言

百選　各種職員 諸条件比較表の作成／令和2年4月会計年度任用職員制度導入に伴い、校内にさまざま
な職員が任用され、勤務条件整備の必要があったため。／再任用職員・会計年度任用職員・臨時任用
職員（勤務形態別）について、それぞれ給与報告、手当認定、服務関係、休暇等諸条件が比較できる
一覧表を作成した。／中嶋麻衣子・福井県永平寺町松岡中学校・5

力は弱い傾向にあることは否めない。

　こうしたことから、準新人期の学校事務職員の学校全体の業務改善は、「なぜ改善が必要なのか。改善したらどう良くなるのか」「なぜ、いま改善を行う必要があるのか」「私のやり方ではいけないのか。新しい方法は簡単なのか」「なぜ、あなたが提案するのか」といった反論や批判的まなざしに応答しつつ、賛同者を獲得することが求められるのである。実は、こうした賛同者を獲得することを通じた学校全体の変革に取り組んでいるのは、学校事務職員だけではない。前例を壊し、全校で新しい取組を取り入れようとする学校管理職や教員も、この賛同者の獲得に向け奮闘しているのである。

　この賛同者の獲得に向けたストラテジーには、①学校事務職員の人柄や専門性に対する信頼性を高める、②学校全体の方針に沿って取り組む、標準的職務などにのっとって仕事を行うなど取組の正統性を高める、③課題やビジョン、目標の共有を図る（教員の課題認識を起点として改善を始めるなど）、④それまでの学校運営の歴史や仕組みを踏まえ提案する、⑤業務改善の成果を可視化する、⑥適切な支援を行い、抵抗感を下げる、などがある。

地域の学校事務職員との調整

　さらに、管理職及び教員集団の賛同者獲得というハードルに加え、準新人期の学校事務職員が学校全体の業務改善に取り組む上で乗り越えるべきハードルに、地域の学校事務職員との調整がある。これまで一人で配置されることが多い小中学校事務職員は孤独感を感じる反面、上司である校長が学校事務の実務について管理しない傾向が強かったため、個人に仕事の量と方法を決める余地が残されてきた。このため、たとえ、本人に業務改善に取り組む意思があったとしても、異動した後の後任のことを考え、業務量を増やしてはいけないという配慮が働いたり、場合によっては「異端者」として扱われたりすることもある。もちろん、準新人期の学校事務職

🈡選 教員の困り感にアンテナを張る／日々の仕事の中で、先生方の毎月の困り感を察し、また全国的に一般的な定額集金を取り入れようと考えて。／学納金の集金方法の改革。毎月実際購入した教材に合わせた集金だったのを定額集金に変えた。／齊藤紀子・福井県あわら市金津小学校・33

員であっても、「異端者」として行動することは可能であり、社会が激変する中、「異端者」が重宝される時代になりつつある。

　しかし、学校事務職員が異動することを考えれば、学校事務職員による業務改善の進め方の王道は、教育委員会・校長と連携した、市町村単位、共同学校事務室単位による改善である。共同学校事務室長のリーダーシップの下、学校全体の業務改善について共同で責任を負うような文化に満ちた共同学校事務室の運営が行われれば、準新人期の学校事務職員も安心して業務改善に取り組めるようになるに違いない。

校長の理解と学校事務職員の情熱

　以上のようなハードルを乗り越え、準新人期の学校事務職員が学校運営参画を実現する上で校長の役割は大きい。ある市で行った調査によれば、図に示すとおり、校長による学校事務職員への期待が大きいほど、学校事務職員は教員と対等に意思決定に関与できるようになる傾向があるからである。しかし、多くのハードルがある中、業務改善に取り組む上では、何

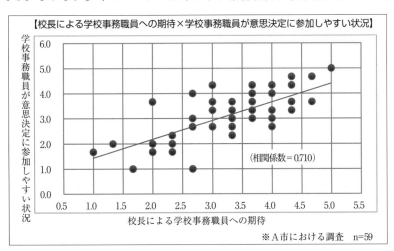

　【校長による学校事務職員への期待×学校事務職員が意思決定に参加しやすい状況】

縦軸：学校事務職員が意思決定に参加しやすい状況
横軸：校長による学校事務職員への期待

（相関係数＝0.710）

※A市における調査　n=59

百選 事務部の組織開発／大規模校による事務職員の在り方について疑問を抱いた。／個々の事務職員としてではなく、事務部として取り組む。事務の見える化を図り、事務分掌によって業務を分担しつつも連携し合う関係性の構築。事務部運営計画の策定。／泉田洋介・福島県郡山市立富田東小学校・9

よりも、学校事務職員自身の子供への愛情を基盤とした業務改善への情熱が重要であることを忘れてはならない。 （藤原文雄）

7　教師の仕事〜賛同と支持を得るために〜

　教頭になって何年か経ったころ、教頭会の研修会で事務職員の方を講師に招き、いろいろな学校事務手続きの仕方を学んだことがあります。あの時は、「目から鱗」の状態で、研修後たくさんの参加者から、「今まで知らなかったことばかりだ」「これまでで一番勉強になった」という感想が、口々に飛び出しました。

　教員をしてきた者は、事務作業に疎いと言われていますが、その通りだと思うことがあります。事務職員の方々が思っている以上に知らないことが多いかもしれません。学校の中で一番そのことを知っているのは、おそらく教頭先生でしょう。教諭の時代にそれほど知らなかった事務作業や法規について、登用試験の時に勉強するのです。私は、勉強中よく言われたことを今も覚えています。「試験で一番点差がつくのは法規関係だからしっかり勉強しておくように」。それほど、教諭時代は法規や事務関係の大切さに気付きにくいのです。逆に言えば、だからこそ教諭の方々はそのような仕事を意識して行わなければなりません。その必要性を身にしみて感じているのが教頭先生なのです。ただ、頭では分かっていても、教諭時代にそのような事例に当たったことが少ないため、細かいところが分からず苦労していることがあります。ですから、事務職員の方々は、まず教頭先生と話をする機会を増やし頼りにされることが多くなると良いと思います。

　この関係ができると、今度は教頭先生にいろいろと尋ねやすくなります。教頭先生は生徒指導や教科指導等を長年やってきた方ですので、その経験の中でたくさんの児童・生徒のことを知っています。児童・生徒理解

自選　子どもたちの安心・安全のために／古い校舎であるが、少しでもきれいな環境で学校生活を送ってほしい。／こどもアンケートを実施し意見を集約。その後、①図工室の作業台天板交換、②休校中、昇降口の清掃、③玄関マットの新調、④教室カーテンの新調。／鈴木みのり・福島県いわき市立高坂小学校・34

は、教育的な取組をする上で大変重要です。さらに、授業、生活指導、生徒指導等、その方法や経験からくる「カンやコツ」も身に付けているので、「教育的素養」と言われるものや、その例をたくさん知っていたり、技術を体得したりしています。ですので、話の内容が分かりやすく、具体的に教えてもらうことができます。このようにして話ができるようになると、教頭先生が先生方をどのように把握しているかも見えてきます。その中には、それぞれの先生との接し方等において参考になることがあると思います。先生方の様子や職員室の雰囲気は、学校によって違いがあります。事務職員の方々は、いろいろな校種を経験されると思います。小学校・中学校・特別支援学校等それぞれに特徴があります。その場合も、小・中学校は教頭先生、特別支援学校ならば教頭先生や学部主事の先生方との関係を足がかりに、たくさんの先生方とのコミュニケーションを図ってみるとよいと思います。学校の中では教員が多いため、話の輪に入りにくいことがあるかもしれません。そのような時、試してみてください。　（吉見隆史）

8　これを知って、共に進める学校運営

人間関係構築力

　よく言われることばである。学校も当然、組織として動いている。「チーム学校」として機能的に動くためには、人間関係が基盤となる。学校も一つの社会であると考えるならば、さまざまな個性が存在する。子どもたち、教職員、保護者や地域など。その多様性をもった人と信頼関係を結ぶ。これが学校事務職員の基礎的な力になる。その力を有する学校事務職員は、円滑に業務を進めることができるからである。

学校実態把握力

　学校には、それぞれに特性がある。その実態は、「子どもが大人になるた

百選　安全・安心な学校づくりのためのアンケート／本校は、土砂災害警戒区域内に立地しているため日頃から教職員と児童の防災意識の啓発を図る必要があった。／児童には教室の中で、教職員には学校全体の中で災害時に危険があると思う所を尋ねるアンケート調査を行った。回答から教室内のロッカーなど備品配置の見直しや、不要なテレビの撤去を行い、防災力の向上を図った。／井上和雄・兵庫県神戸市立藍那小学校・11

めの学校」としてのニーズを生む。子ども、教職員等の声（言葉にならない声、行動や態度等も含めて）を聞き、加えて、観察し、つぶさに実態把握に努めなければならない。それは、次に続くニーズに対応するためである。

ニーズ対応力

　子どもや教職員等のニーズを把握できたとしよう。次に必要なことは、そのニーズに応えるために「動く・対応する」ことである。例えば、よりよい教育活動を展開していくための備品を把握したとしても、それを入手し、活用できるようにしなければ、子どもの成長に寄与しない。子どもを伸ばすためのニーズに、いかに早く適切に対応するかが、学校事務職員に求められる力になる。学校事務職員は、教育的ニーズに応える核としての責務を負っていると考えてよい。

リフレクション力

　リフレクション（内省）の能力は、自己を振り返り、新しい自己を発見したり、自己の業務の成果と課題を明らかにしたりして、次の課題解決への原動力となる。学校事務職員として、自分は何をしたか、どのような教育効果を生んだかなど、常に管理職をはじめ教職員と協働する過程（声に耳を傾けることが欠かせない）で、自己の業務を内省することにより、よりよい学校事務職員としての自己を育てることになる。

学校運営自覚力

　「教頭は学校の要」といわれているが、私は、学校の要は、教頭と学校事務職員での二者であると考えたい。「事務をつかさどる」学校事務職員は、「校務を整理する」教頭と一体となり、学校を運営していくのは、言葉のうえからも当然であろう。私は、学校事務職員には「自分は学校の要である」

自選 研究組織検討グループ／事務職員による事務職員のための研修をやめ、対外的な活動ができる組織作りを考える必要があった。／事務職員グループとして、教育委員会担当者と共に職員会議の場で業務改善について研修を行った。形式だけに終始していたものを、根本的に解決する方法としてコミュニティ・スクール導入を模索し、合わせて説明した。／薬師寺牧・兵庫県三木市立三樹小学校・20

という自覚をもっていただきたい。もちろん、学校経営方針を明確にし、組織することは、校長の責務であるのだが。

自己研鑽力

このことは「自他研鑽力」と置き換えてもよい。自他を見つめ、自己のビジョンを明確にもち、伸びてほしい。教員か事務職員かなどと、職種、経験等にとらわれることなく、組織の仲間として支え合い、研鑽力の伸長を願ってやまない。　　　　　　　　　　　　　　　　　（横山武文）

自選 韓国の小学校との交流設定／「多様な他者」をテーマとして特別活動の国研指定校となった。それを充実させるため派遣訪問団に加わった。／韓国の相手校の訪問（自身）、両校交流（小学生同士「総合的な学習の時間」のコーディネート）、相手校訪問受入コーディネート、姉妹校協定書作成。／坂下充輝・北海道札幌市立北野平小学校・25

第 2 章

「一人前」
スクールビジネスプロジェクト

～熟達したスクールビジネスプロジェクト～

学校事務職員のキャリアステージ

　学校事務職員には、総務・財務・施設管理といった実務を遂行しつつ、学校運営に参画し、教育の質向上に貢献することが求められている。中には、一人で努力し高いレベルの仕事に到達する者もいるかもしれないが、一般の学校事務職員には、経験年数を基準とするステージに対応したキャリアアップの道筋（キャリアパス）を準備し、ステージごとの発達課題を「積み残す」ことなく達成し、成長し続ける仕組みを用意することが望ましい。

　全国の学校事務職員のキャリアパスの整備状況及び学校事務職員の資質・能力及び意欲に関する研究動向（藤原、2021）を踏まえた、理想的な学校事務職員のキャリアパスを図1に示す。ここでは、「一人前（10年〜）」の学校事務職員に期待される役割と現状について記述したい。

　「新人期」「準新人期」の9年間において、日々の業務で、新しいことに挑戦し続け、成長を遂げてきた学校事務職員であれば、学校全体を見渡し、リソース（教育資源）の開発・活用を通じて学校成果の向上に寄与できる「一人

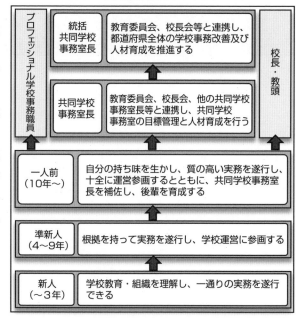

図1　学校事務職員のキャリアパス

前」になっているはずである。しかし、2020年にある県で学校事務職員を
対象に実施した調査によれば、「一人前」の学校事務職員のうち、「学校経
営方針に対する意見をよく提案している」と回答した者は23.7％、「学校経
営方針の実現を意識して仕事をしている」「人・物・金など教育資源（リ
ソース）の調達・活用という視点をよく提案している」「危機管理という視
点で意見をよく提案している」と回答した者はいずれも42.1％に止まり、
現状では、「準新人」期を終えたすべての者が「一人前」の段階に達してい
るとは言えない。こうした現状からは、「準新人」期における成長の加速
化、経験年数10年目における学校事務職員としての資質・能力の到達度評
価の実施などの工夫が必要である。もちろん「一人前」といっても、学校
事務職員としての「完成」を意味するわけではない。その後も、後輩の育
成及び共同学校事務室長を補佐する役割の付与などを通じて、マンネリ化
を抑止し、学びを刺激する仕掛けが不可欠である。

「一人前」スクールビジネスプロジェクト報告

　本章に掲載するのは、6人の「一人前」の学校事務職員によるスクール
ビジネスプロジェクトである。

　松下健太郎さん（京都市立開睛小中学校、11年目（プロジェクト取組時、
以下同じ））は、教員の事務負担軽減及び効果的な予算執行に向け、予算編
成・執行体制の見直しに取り組み、体制変更による学校事務職員のカリ
キュラム・マネジメントへの参画促進の可能性及び、今後自らが学ぶべき
課題を発見するなどの教訓を得ている。

　松井政徳さん（瀬戸市立長根小学校、11年目）は、地域の学校事務職員
仲間の力も借りながら、地域学校協働活動を通じて児童の育成及び地域活
性化に貢献すべく、持続可能な推進体制づくりに取り組み、学校事務職員
ならではの地域学校協働活動への関わり方があり得るなどの教訓を得てい
る。

百選　物品管理改善から業務改善プロジェクト／物品の保管場所を問われることが多く、もっと効果
的な保管方法があるのではないかと考えたから。／印刷室の消耗品保管棚を整理した。だれでも探し
やすい保管棚を目指して用途別に収納、籠や箱に分類しラベルを貼った。消耗品探しに係る時間が短
縮され、教員の業務改善につながったと評価を得た。／二宮美羽・愛媛県愛南町立御荘中学校・2

佐川志保さん（北島町立北島中学校、24年目）は、教職員と共に生徒が利用する図書館に向け、図書のバーコード化、楽しい読書を契機とする生徒を学習のための読書へ誘う工夫、支援の必要な生徒への配慮などに取り組み、中学生が主体的に本を好きになる環境整備のあり方に関する教訓を得ている。

　谷明美さん（勝浦町立横瀬小学校、30年目）は、新型コロナウイルス感染拡大期の臨時休校期間において、ICTを活用した学びの保障に取り組み、ICT活用に取り組む上で有効な原則、危機的状況における教職員の迅速な行動・協働を促す校長のリーダーシップの意義に関する教訓を得ている。

　水口真弓さん（京都市立洛北中学校、19年目）・東郷伸也さん（京都市立洛北中学校、学年主任）は、就学援助事務を担当する学校事務職員とすべての子供を大切にしたい教員が協力し、就学援助を受給している生徒が公正に学びのスタートラインに立てるよう教育及び教育環境整備に取り組み、子供の課題共有を土台とした教職協働の意義に関する教訓を得ている。

　松田幸夫さん（長浜市立余呉小中学校、36年目）は、地域を捨てて地域から子供が出ていく教育を続けてはならないという思いから、学校の重点目標を受け止め、勤務校における社会に開かれた教育課程に参画し、リソースマネジャーとしての学校事務職員の可能性に関する教訓を得ている。

　これら6事例はすべて、学校や学校事務職員はいかにあるべきかという「信念」に裏付けられ、学校全体を見渡し、リソース（教育資源）の開発・活用を通じて学校成果の向上に寄与した優れたスクールビジネスプロジェクトと言えよう。

（藤原文雄）

百選 共同実施グループ校の予算管理／共同実施構成校の予算が一本化され、共同学校事務室に配分されたこと。／学校管理費（光熱水費等）を集中的に管理し、各学校の過不足を調整。教育振興予算は各学校長と連携・協議し、必要な予算を確保した。／早川翔・愛媛県愛南町立平城小学校・18

1 学校財務からの学びの環境づくり ～市の制度活用と予算編成・執行体制づくりを通して～

はじめに

　京都市では、各学校が教育目標の達成や教育課題の解決に向けて効果的な予算措置ができるよう、特色あるさまざまな学校財務の制度がある。その代表的な制度は、「総額裁量制」や「費目調整」である。これにより、学校の裁量で必要な事業に重点的に予算執行をすることができ、特色ある教育活動を行うことができる。また、校内予算管理システム、学校預り金システム、物品有効活用システム等の導入もなされており、これらを活用することで、より有効に予算を活用することができる。そして、これらの制度やシステムを学校経営に活かしていくために、財務を専門分野とする学校事務職員の役割を重要視し、明確にしている。平成16年に制定された「京都市立学校財務事務取扱要綱」では、事務職員は「財務事務担当者」と位置づけられ、財務事務担当者は、執行計画の策定や予算委員会の運営等の役割を担い、「学校財務をつかさどる」と定められている。さらには、管理職と財務事務担当者が予算の執行状況などを情報共有する場として、月一回程度の「学校経理の日」を行う、とされており、管理職と事務職員が協働・連携できる環境が整えられている。京都市教育委員会が発行している「学校経理の日　管理職マニュアル」には、次のようにある。

　「校長を中心とした教職員の創意工夫を生かした予算執行体制の確立を図ることを目的として『学校経理の日』を実施している。(中略)予算執行状況の点検を通して日々の教育活動の状況の把握・確認ができる『学校経理の日』は、学校経営を向上させる上で、欠かすことのできない重要な役割を果たすものである」。

　このように、教育委員会は「学校経理の日」を重要視している。筆者が勤務する京都市立開睛小中学校の管理職も、「学校経理の日」を課題の共有と改善策の提案の場と捉え、戦略的な財務マネジメントのためのものとし

自選 若手事務職員の人材育成／共同学校事務室に新規採用事務職員が採用され人材育成の必要性から。／子どもの貧困を考える取組を通して若手の人材育成を行った。子ども食堂の取組を取り上げ、運営組織の方と会を持ち学校外から子どもの貧困問題に取り組む方の考えや期待を伺い、日々の業務に生かし教育的素養を高めた。／中川誠・愛媛県愛南町立平城小学校・25

ている。筆者は、この「学校経理の日」を、事務職員がその役割を果たし、学校経営に貢献するために必要不可欠なものであると考え、基軸として情報の共有や課題解決の提案を行ってきた。そうすることで校長の学校経営方針に沿った財務マネジメントを行うことができるからである。

筆者が勤める京都市立開睛小中学校（山下和美校長）は29学級、児童生徒数796名、教職員数（常勤）77名の京都市内中心部で初めて設置された施設一体型の小中一貫校である。本年で開校10年目を迎えた。開校以来、市内小・中学校のリーディングスクールの一つとしてさまざまな取組をしており、現在は、「子供の自己指導力を育てる」ことを研究テーマとし、活発な教育活動を展開している。筆者は赴任当初、教育活動が積極的に行われている一方で、予算については学校としての体制が整っておらず、教員の意識が低いことに課題を感じた。教員が各々に物品や教具の発注を行っており、それにより教員の事務負担が多く、場当たり的な執行も目立っていたのである。教育活動と予算が連動すれば、学習環境をより有効に整備することができる。そこで、市の財務に関する制度を活用し校内で予算の編成・執行についての校内体制づくりを行うことで、学びの環境づくりに貢献したいと考えた。

専門分野である学校財務は、事務職員にとって大きな武器である。事務職員は、学校財務をつかさどることを通して、「ヒト・モノ・カネ・情報」など、学校にあるリソースを組み合わせて、教育活動に必要な環境を整えることで、子供のウェルビーイング（幸福）に貢献することができると考える。

プロジェクトの概要

筆者がこのプロジェクトの取組を進めていくにあたり、まずは、学校で編成されている校内予算（公費）の内訳を算出することから始めた。そのデータが次の通りである。

百選 危機管理（防災授業）への事務職員の関わり／平成31年1月中教審答申および3月事務職員の職務内容改定と自身の防災士資格取得のタイミングにより。／①総合学習（防災授業）への防災士会講師招へい関連事務及び連絡調整、②事前授業で防災士と避難所運営について説明・伝達、③HUG（避難所運営）補助、④町教委との謝金交渉。／河野暁子・愛媛県伊方町立伊方中学校・30

京都市では、年度末に光熱水費なども含めた予算の総額が提示され、その範囲内で、校内の教職員からの要求に基づいて予算編成がなされる。本校では、どうしても光熱水費や消耗品等の割合が高く、教材整備費として配分できている予算は、全体の16%であった。教育活動の根幹である授業を充実させるための予算であるので、少しでも多

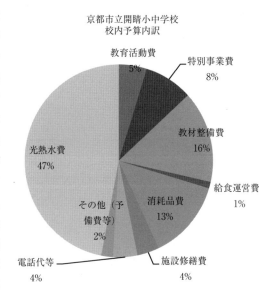

京都市立開睛小中学校
校内予算内訳

- 教育活動費 5%
- 特別事業費 8%
- 教材整備費 16%
- 給食運営費 1%
- 消耗品費 13%
- 施設修繕費 4%
- 電話代等 4%
- その他(予備費等) 2%
- 光熱水費 47%

く教材整備のための予算を確保すること、限られた予算をより効果的に執行できる体制とすることが必要と考えて、筆者は次の取組を行った。

(1)物品発注の窓口の一本化

学校におけるすべての物品の発注窓口を、事務職員に一本化し、教員の発注に係る事務負担軽減を図った。発注の際は、事務職員が複数の業者への見積もり合わせをし、適正な契約事務を行う体制とした。また、価格競争を行わせることでより安価に購入できることもねらいとした。

(2)補正予算の導入

年一回限りの要求に基づく予算編成から、年度途中に執行状況を振り返って評価し、必要に応じて予算を調整(引き上げ・追加配分)する補正予算を導入した。これにより、必要な取組に必要な予算を再配分し、より効果的な予算活用をできる環境とした。

百選 限りある予算の有効活用／前職で取得した資格やスキルを活かし、教育委員会と連携して学校環境を整備。／公立高校勤務時の情報、人脈、取得した資格を活かし、共同実施全体予算の効果的な活用を提案。教育委員会と連携、専門業者の情報を集約し施設設備の整備修繕を実施。安心安全な学校環境整備を行った。／吉良祐一・愛媛県愛南町立御荘中学校・32

⑶財務についての校内研修の実施

　本校は、約8割が採用10年目未満の教員で構成されている。そのため学校財務についての基本的なことを学ぶ機会のなかった教員が多い。事務職員が講師となり市の財務制度や校内体制の重要性について研修を実施し、教員の理解を深めた。

成果

　発注をすべて事務職員が行うことにより、物品、教具の購入時の契約金額を抑えることができ、その分の予算を予備費として確保することで年度途中での柔軟な対応が可能になった。予備費が確保されることで、年度途中での補正予算編成がしやすくなり、教員が年度途中で教育活動計画を再検討できるようになった。また、校内研修を行うことで財務に対する教員の意識が高まったと感じた。事務職員に対して、予算措置の相談の際に、なぜその物品や教具が必要なのか、説明をしてくれるようになったのである。そのため、学校が進める教育活動の内容や、教職員がどのような目的でそれを実施しているか、ねらいや思いを筆者も理解できるようになってきた。

　例えば、今年度は、「朝読書」の時間を充実させるために、学年文庫用のブックトラック（移動式書架）が欲しいという相談を受けた。今年度は、コロナ禍の影響により、休校明けも感染症対策の一環で、メディアルーム（図書室）の利用を制限せざるを得なくなった。そこで、ブックトラックを整備し、各教室に図書を配架することで、子供たちがメディアルームの使用が制限されている中でも少しでも多くの本に触れる機会を作りたいというのである。朝読書は、本校が進める「自己指導力を育てる」という研究の大きな柱の一つであるため、筆者も必要なものと判断した。早速、「学校経理の日」の中で提案、協議して承認を得ることができた。予算については、市の「費目調整」の制度を利用した。コロナ禍による休校期間中、校

百選 経済的理由による進学への不安解消／経済的困難な家庭でも、情報があることによって、子どもの進学を目指せる可能性があるのではと考えた。／地域の事務職員で協働し、中学校以降の進学状況と進学先、必要な教育費、利用できる奨学金や支援制度、最寄りの相談先をリーフレット化。教育委員会へ提案し、町内の小中学生全家庭へ配付した。／船田桂史・愛媛県愛南町立御荘中学校・33

舎が使用されなかった分の余剰が見込まれる光熱水費から備品購入費に流用することで確保し、全学年分を購入することができた。後日、学校司書にブックトラックを整備したことで効果があったのか尋ねてみたところ、次のような集計を出してくれた（表）。

表　図書貸出数　集計比較
（単位：冊）

	個人	学年文庫
令和元年度	20,513	1,591
令和2年度	13,747	4,449
比較	−6,766	2,858

※感染症対策による図書室利用制限のため、個人貸出数は減少したが、学年文庫の貸出数は約3倍に増加した。

集計結果の通り、個人貸出数は減少したものの、学年文庫貸出の増加により補うことができ、子供がより多くの本に接する機会を提供できたことが分かる。なお、司書の話を聞くと、個人が自由に借りる個人貸出に対し、学年や学校として意図して読ませたい図書を提供する学年文庫のほうが、より教育効果が高まると考えていることが分かった。その意味でも、ブックトラックの整備をしたことの効果が実感できた。

これは一例ではあるが、財務についての校内体制づくりと市の制度を活用することで、教育活動と予算措置を連動させ、学びの環境づくりに貢献することができたよい例であると考える。何より、筆者も自分の仕事を通して、子供たちの学びの機会を保障することに貢献できたことが数字の上でも実感でき、喜びを感じた。

おわりに

「教員と立場は違っても、思いは同じ事務職員でありたい」、これは、筆者が常に心がけていることである。今回のプロジェクトを行うことにより、「学校をよくしたい」という思いを、事務職員の専門分野である「学校財務」を切り口にして形にすることができた。学校で働く教職員の一人であるという自覚を持って、事務職員から思い切って提案をしていくことで、校内の体制や教員の意識も変わっていくことも実感できた。

教員と違う立場からの気づきや提案は、これからの学校経営に必要不可

自選 地域連携学校財務マネジメント／社会に開かれた教育課程を実現するためにコミュニティ・スクールに参画する必要があったから。／学校運営協議会にて、学校財務状況等の説明を行った。学校財務運営の今後の在り方について、学校運営協議会と協力体制を整えることができた。／大塚正則・茨城県牛久市立ひたち野うしく中学校・19

欠である。今後も学校財務をはじめとする事務職員の専門性を磨き続けることを通して学びの環境づくりに貢献していくとともに、学校間連携や事務研究会等でもこの実践を共有し、今回得た教訓を他校や市の中でも展開していきたい。

　令和2年7月に文部科学省から通知された「事務職員の標準的な職務の内容例」の別表第二からも分かるように、これまで以上に事務職員が教育活動に関わることが求められるようになった。教育活動と予算は一体である。両者を結び付けるためには、学校の中で教育活動の参観や、教員とのコミュニケーションを大事にし、学校のことを知る努力をしていくことが必要である。学校でどのような教育活動が行われているか理解した上で予算の編成・執行を行うことが、子供たちにとってより有意義な教育環境の整備につながると考える。校長のビジョン実現のためにどうすればよいか、事務職員の立場で教員と学校や子供たちのことを語り合えるようになることが今後の目標である。

　予算と教育活動を結び付け、必要な教材・教具や備品を購入することなど、子供たちのために教育環境を整えることは、学校事務職員の果たすべき役割である。子供たちの教育を支えていく環境整備を進めるプロフェッショナルとなっていくために、学び続ける事務職員でありたい。

（松下健太郎）

✏ 報告当日の受講生によるフィードバック

💬 梶野敬子さんからのフィードバック

　物品発注窓口の一本化は、購入希望物品という情報（リソース）が事務室に集約されることであり、そうすることで見えてくるものがあります。それは、教員の負担軽減だけでなく、例えば時期や使用学年が異なっていても同時期に同等品を購入するという発想が生まれ、購入数が増えればスケールメリットも活かして安価にもなる、ひいては保護者負担額軽減にもつながると思いました。他方、今回の報告では、目指したい「教育活動の活性化」とは具体的にどのような状態をイメージされていたの

百選 安全第一！／育休から復帰してみると、以前は気にならなかった箇所に子ども視点の危険や不便さを感じるようになった。／安全点検に積極的に関わることで、校内環境の改善にスムーズに対応ができるようになった。早い段階で予算や業者、市教委との調整を提案する、簡易的な修繕なら自分で対応するなど。／木口早織・岡山県総社市立総社北小学校・7

かがはっきりしませんでした。そのため、教育活動の活性化を目指して、取り組んだ方法（物品発注の窓口一本化や補正予算の導入）で果たして活性化できたのか、目標と方法が一致していたのかが最後まで私の中でつながりが持てずもやもや感として残りました。

🔊 杉上厚史さんからのフィードバック

　学校事務職員発信で財務における学校組織変革を実現しているところに大きな意義があると感じました。従来の体制では、校種、教科、分掌の横のつながりがないことにより、教育的効果や学校の重点目標との関係を考慮せず、与えられた予算を担当教員が好きなように使うだけの組織だったと思います。しかし、新しい体制では横のつながりを学校事務職員が担い、財源をマネジメントして、効果的な予算編成や予算執行を行える組織を作り上げていました。成果を考えると、小中一貫教育に貢献する点に関しては、形骸化していると報告されていました。たしかに、その点についての貢献度は低かったのかもしれません。しかし、実例で挙げていただいたブックトラックなどの購入について考えると、松下さんが校内での横のつながりを担い、財源をマネジメントすることにより教育環境の整備が実現していると思います。今後、その点についての報告を伺いたいです。

百選 遊び用砂場をDIY／本校では児童の人格形成を重視し外遊びの奨励に力を入れている。砂場をつくることで貢献できると考えたため。／経費削減のため砂場の作り方を調べて校務員に協力を依頼し、木材の購入や組立作業を行った。PTAにも計画を説明し、予算措置や運動場の穴掘り作業での協力をお願いし、児童が大喜びする砂場ができた。／植本真依子・岡山県美咲町立加美小学校・9

2 地域連携担当教職員としての事務職員のあり方について
～地域・学校・家庭の連携を推進する体制づくりの実践～

はじめに

　愛知県瀬戸市は平成28年より教育大綱に「ふるさとに誇りと愛着をもち、まちと未来を拓くひとづくり」と掲げ、その実現のために「地域とともにある学校づくり」に取り組んでいる。それを受けて、瀬戸市教育委員会（以下、市教委）は、地域と学校が目標を共有する場を作るだけでなく、学校を核にゆるやかなネットワークを構築することによって「地域総がかりで子どもたちを育てるまちづくり」を推進している。

　筆者の勤務校である長根小学校（弓削善靖校長、以下長根小）は保護者による絵本の読み聞かせや児童の登下校の見守り活動等の学校支援活動が根付いている学校である。その背景には古くから地域の各種団体と学校との強いつながりがあり、歴代の校長がそれを生かした学校経営をしてきたことがある。市教委はその体制がコミュニティ・スクール（以下CS）の仕組みに近いことに着目し、平成30年度に長根小にCS設置研究を委嘱した。

　長根小は研究委嘱を受け、地域と学校が学校教育目標を共有する学校運営協議会と地域学校協働活動を推進する地域学校協働本部の設置を同時に進め、令和元年度には学校運営協議会と地域学校協働本部である長根っ子サポートステーション（以下ねこSAPO）を設置した。ねこSAPOは同年に配置された地域学校協働活動推進員（以下推進員）と地域連携担当教職員で組織され、学校運営協議会の運営や地域住民や保護者によるボランティアの連絡調整を行っている。当時の校長の推薦により、筆者は地域連携担当教職員を拝命し、校内における地域連携に関する情報の整理や推進員の連絡調整を担当することとなった。ところで、筆者はかつてスクールソーシャルワーカーのコーディネーターを担当した経験がある。地域の関係機関や人材を把握し、それらを強みとして効果的につなぐ方策を模索していたところ、勤務校にCSが導入されたことは願ってもないことであった。

　とはいえ、CSの設置研究に伴う教職員加配は無く、推進員もボランティ

百選 時間創造プログラム／忙しさを改善し、学校運営により積極的に関わってほしいと考えたから。／時間を生み出す手だてとして、共同学校事務室で「今週の豆知識」タイムマネジメント編、パソコンスキル編を毎週メール配信している。／仲程佳代子・沖縄県糸満市立三和中学校・24

アである。地域連携担当教職員と推進員に過度に負担が集中することがないよう、それぞれやることとやらないことを明確にする必要があった。また、地域連携に関わった教職員の人事異動により地域連携が減速することのないように、筆者は担当が誰であっても対応できるような、持続可能な組織づくりが欠かせないと考えていた。これらの課題を踏まえ、筆者は地域と学校をつなぐことを通して、地域に愛着をもち、地域を支える児童の育成に貢献することに加え、地域学校協働活動を通して大人も学校を核につながることを目指し、以下のように取り組んだ。

プロジェクトの取組

⑴地域連携業務のマニュアル化の推進

　担当が誰であっても安定してCSの事業が続くように、筆者は地域連携担当教職員や推進員が取り組んだことの「見える化」のため、業務マニュアル作成に取りかかった。当時、筆者は市内で唯一の地域連携担当教職員であったため、孤立と背中合わせの状態であり、多角的な情報と客観的な助言を必要としていた。そこで瀬戸市の事務職員会に事務職員が地域連携業務に果たせる役割についての研究を依頼した。事務職員会はCSに対して事務職員の校務運営への参画の具体を示すべく、筆者の実践をもとに学校運営協議会の運営をいつ、誰が行うかをまとめた業務分担モデル案作成に取りかかった。その作成にあたってCSマイスターの助言を受け、学校運営協議会の会務を処理する「学校運営協議会事務局の事務局員としての事務職員像」の構想について示唆をいただいた。

　そのような仲間の支援を受け、筆者は学校運営協議会の準備から当日の進行、事後の処理方法等の一連の手順を時系列にまとめ、学校運営協議会の会務に利用した文書や様式を収集・整理した「長根小学校学校運営協議会事務局マニュアル」を完成させることができた。このマニュアルは現在、瀬戸市内のCS立ち上げに活用されている。また、研究を推進した事務職員

百選 学校徴収金のシステム化／校内の会計システムが管理されておらず、仕組みも整わない中で担当の独断で進められていたため。／校内の会計の把握。会計の仕組みづくりを行い、会計担当者を召集して統一した仕組みの中で行うことを説明し、それに従って進めてもらうようにした。／阿部貴子・岩手県盛岡市立見前南中学校・34

を中心に、地域連携担当教職員の任命の有無に関わらず、地域連携業務への貢献を始めている。

⑵ 教務系と事務系の分業体制構築による機能強化

　長根小では推進員の尽力によりCSの実践が進み、多くの地域学校協働活動が行われるようになった。しかし新しい活動が始まる中で、筆者は地域連携担当教職員が一人であることの限界を感じていた。教育活動に関することは、主たる担当ではないため、校外学習や外部講師等の調整に時間がかかりがちであった。地域資源を取り入れた教育課程を実現するには、教員との連携が欠かせないことを痛感していた。

　そこで筆者は地域連携業務を教員と事務職員で分担する先進実践を参考に、前述の業務分担モデル案の地域連携担当教職員の業務を「教育活動に直接関わることを担当する教務系」と「総務と窓口業務を担当する事務系」に分割し、地域連携担当教職員の増員を校長に提案した。それを受け長根小は、令和２年度より教務主任も地域連携担当教職員に加わる複数体制となった。同時に、小中一貫教育を目指す市教委により、推進員のうちの１名が、中学校を兼務する形で任命された。また、推進員は市教委の統括コーディネーターの助言を受けて活動し

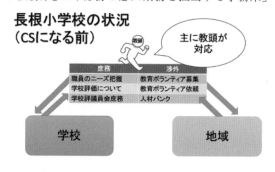

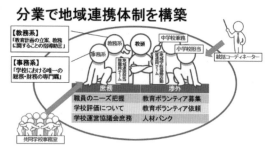

🏁選 予算委員会でクイズ／先生にわかりやすく説明し、話しやすい雰囲気をつくりたかったので。／本校の予算はいくら？そのうち光熱費は？などを４択で出題しました。形式：パワーポイント。回答：挙手：１番だと思う人、２番だと思う人のように。その後の協議で話しやすい雰囲気にするため。／浦野麻理恵・京都府京都市立市原野小学校・3

76

ている。これにより前頁の図の下のような組織が確立した。学校の要望や地域の提案に対して、常に複数体制で検討できるようになり、筆者自身、負担感が少なくなったことを感じている。これにより、長根小では従来教頭に集中しがちであったボランティアとの連絡調整である「渉外」や、職員のニーズ把握や学校評議員会の会務処理である「庶務」が、ねこSAPOで対応できる分業体制を構築することができた。

プロジェクトの成果

　前述の通り、CS導入以降の長根小では多彩な地域学校協働活動で多くの大人が児童にさまざまな場面で関わるようになった。例を挙げると、学習を支援する活動「保護者による丸付けボランティア」や「夏休み中の中高生による学習ボランティア」、環境を整備する活動「地域住民による草刈り作業」がある。地域住民、保護者、教職員のそれぞれの児童に対する思いが具体的な活動につながり、好影響を生み出しつつある。以下、それぞれ紹介していく。

⑴地域住民とともに迎えた学校再開

　新型コロナウイルス感染症による臨時休校から学校が再開する中、長根小も感染症対策を教職員が担わざるを得ず、負担が重くのしかかる状況にあった。ところが、学校運営協議会の委員である長根連区自治協議会（以下自治会）の会長から公的な支援決定よりも早く、長根小に給食配膳と学校の消毒活動をお手伝いいただけるという驚くべき申し出があった。この申し出を学校のニーズに合う形で実現するため、筆者は地域連携担当教職員として、養護教諭や栄養職員等から具体的な実施方法など学校の要望をまとめて推進員に伝えた。推進員はその情報をもとに自治会長と調整するだけでなく、活動当日もボランティアに説明するなど学校とボランティアの間に立って活動を支えた。地域住民がコロナ禍にある学校を再開直後から支えるという点が評価され、その活動の様子と仕組みがNHK総合の情

百選 情報共有の「しくみ」作り／職員室で執務するようにしたところ、学校の動きがわかり、情報が早く正確に手に入ることに気がついた。／事務室にいても職員室と同様に情報が手に入る「しくみ」作り。転出入児童情報の回覧様式の改善や、地域との連携行事一覧（引継資料）を作成した。教員に周知し、定着、活用してもらうことが今後の課題である。／齊藤智子・京都府京都市立深草小学校・5

報番組で全国に紹介された。

⑵保護者の学校に対する信頼の向上

　自治会の申し出から始まった給食配膳、消毒ボランティアのバトンは、徐々に保護者に渡されていった。新型コロナウイルス感染症の影響でPTAも活動が困難な中であっても、新たに始まったボランティア活動には多数の保護者が参加している。例を挙げると、養護教諭不在時に児童を見守る「保健室サポーター」や、休日に飼育動物の給餌等をする「飼育ボランティア」、図書館の開館準備や図書の整理をする「図書ボランティア」がある。また、従来からあった学校支援活動も変わらず続いており、地域住民や保護者が学校の内外で児童に関わらない日のほうが珍しい状態にまでになった。このような学校運営が評価されてか、保護者に毎年実施している学校評価アンケートにおいて今年度は顕著な結果が表れた。例えば「長根小は保護者や地域との連携・協力につとめているか」の質問の回答のうち「そう思う」から「そう思わない」の４段階評価で、「そう思う」と回答した割合が昨年度より28％増えて68％になった。また、「総合的に見て、長根小の教育は満足できるか」という質問も同様に「そう思う」が昨年度より12％増えて58％になった。

⑶地域に目を向けはじめる長根小の児童たち

　長根小の児童の意識も、多くの地域住民や保護者に囲まれる中で変化が表れはじめている。まずは、夏休みに中高生をボランティアに迎えて実施する夏の学習会後のアンケートより「いつか自分もボランティアとして何らかの活動に参加したいか」という質問に「はい」と答える児童が、昨年に比べて９％も増えた。さらに、４〜６年生の児童を対象に毎年実施している学校評価アンケートにおいて「地域の活動や行事に関心があるか」という質問も保護者同様に４段階評価で「そう思う」と回答した児童は昨年度より16％も増えた。

百選 FAX振込を活用した支払いの効率化／現金での支払いをするリスクや、支払いを迅速に行う方法を思考。／当初、ネットバンキングを活用できればベストと考えたが、有料であることやセキュリティの面から断念した。しかし、昔ながらの現金支払いは行いたくないとの思いから、情報収集したどり着いたのが、FAX振込。／飯塚真基・群馬県高崎市立吉井小学校・8

おわりに

　筆者は地域連携担当教職員として、地域と学校の連携のために業務の「見える化」と分業体制構築を進めてきた。それは地域連携業務という抽象を具体化し続ける作業であった。具体化を進めるうちに、児童のために誰が、いつ、どこで、何をするのかが明確になってきた。地域一丸となって児童を育成するという校長の明確なビジョンのもと、推進員や教職員がそれぞれの立場で地域と学校の連携にあたっている。そして、個別のボランティアも活動別に呼びかけることで多数の参加を得ている。ここから筆者が学んだことは、人々の思いを具体的な形にすることの大切さである。

　多岐にわたるボランティア活動は学校の要望や地域の提案をもとに、無理なく続くよう計画、実施されてきた。その過程で多様な大人が今まで通りを見直し、児童を育む当事者として何ができるかを意識して関わるようになってきた。長根小の実践はSDGsの理念を実現するような協働のまちづくりとして実を結び始めていることに、筆者は喜びを噛み締めている。

　筆者は当初、地域連携担当教職員は地域に出かける姿を想像した。しかし、筆者は従来の担当業務の延長にある業務を行っていることが多く、事務職員の業務はもとより地域連携業務と親和性があるという確信を深めている。筆者は現在、学校運営協議会の記録を共同学校事務室の業務とすることで、一人でも多くの事務職員のCSへの参画を目指している。

（松井政徳）

自選 感染症対策～網戸設置～／普通教室や体育館に網戸がなく、感染症対策として換気する際に虫などが入ってくることがあった。／網戸を普通教室（29教室）、体育館とトイレに設置した。そのために、業者選定、打ち合わせ、工事日の調整、事前準備（周知）、工事日当日の対応、予算執行を中心となって行った。網戸を固定式にして安全にも配慮した。／重田雅伸・群馬県伊勢崎市立宮郷第二小学校・20

💬 吉見隆史さんからのフィードバック

　報告いただいた地域学校連携協働モデルは、地域・学校支援モデルをさらに俯瞰的に捉えたものではないかと考えました。また、校内で中心的にコミュニティ・スクール運営に関わることは管理職にしかできないだろう、と思い込んでいたのですが、これもまた知らず知らずのうちに作られた固定観念だったようです。ねこSAPOの設置は、子どもを中心に据えることで保護者と学校の関係を明らかにし、組織運営のエネルギーを引き出し、さまざまなボランティア活動、自治会によるコロナ対応、児童のボランティア意識の変化等につながる原動力となったのでしょう。

　業務区分の明確化と見える化で、なすべきことが保護者にも明確になり、業務の重要性も認識できたことで、保護者の「やろう」と学校の「やってほしい」を一致させたことも、やらされ感なく活動が展開できた一因ではないかと思います。

💬 梶野敬子さんからのフィードバック

　今回学んだことは、ものごとの見える化とさまざまな支援組織とをつなぐ役割の重要性である。ものごとの見える化（言語化）は、ビジョンを共有することでもあり、そのビジョンを土台に同じ景色を見ながら、それぞれの組織でできることを明確にすることである。さまざまな地域学校協働活動が開始されているとのことだったが、そのベースには対話による心理的安定風土が既に醸成されていたのではないかと考えた。組織内でも組織間でもチームワークが機能するために、対話は必須だと痛感した。

　自分の中で曖昧さが浮き彫りになったのが、「分業」「協業」「協働」の違いである。この機会に整理してみたい。また、松井さんは、校長先生の推薦により地域連携担当教職員となったということだったが、この取組を継続してやり抜く原動力が何かをもう少し知りたいと思った。

百選 未納回収への取組／未納問題について事務しか把握しておらず、未納家庭に対しての効果的なアプローチがしたいと思った。／毎月の未納は担任と事務が把握し、担任から保護者に集金の声かけを依頼。長期的な未納には管理職や団長を交え家庭の経済的背景を考慮しつつ集金の計画を立てることで、次年度繰越の未納をなくすことができた。／森本有美・香川県高松市立太田南小学校・3

3 協働で取り組む図書室改革 〜バーコード管理から学び支援まで〜

はじめに

　北島町教育委員会（以下、町教委）は、読書活動は「子どもが言葉を学び、感性を磨き、表現力を高め、創造力を豊かなものにし、人生をより深く生きる力を身に付けていく上で欠くことのできないもの（「子どもの読書活動の推進に関する法律」第２条）」であるとし、平成27年３月に北島町子どもの読書活動推進計画を策定している。「すべての子どもが自主的に読書活動に取り組むことのできる環境の整備」を目標とし、学校図書室の充実・活用を記している。

　筆者が勤務する北島町立北島中学校（片倉繁樹校長）の図書室は生徒玄関を入ってすぐのところにある。設置環境が良く、放課後までは別室登校生の学習場所となっている。図書室の開館時間は司書（町職員）が勤務する週３日・放課後の45分間であった（令和２年度からは平日・放課後の45分間）。筆者が赴任した当時（平成30年度・経験年数24年目）、図書室は開館時間でも閑散としていた。利用者数を確認すると日常的な利用者は10人程度（生徒数630名）であり、20年ぶりに中学校に異動した筆者には、小学校とあまりにも違う図書室の光景が衝撃的であった。

　それは、徳島県立図書館が北島町小学３・５年生、中学２年生を対象に実施した「読書に関するアンケート」結果からも分かる。学校図書室の利用では、利用していない児童・生徒の割合が小学生は５％に対し、中学生は68％が利用していない。利用の理由は、小学生は授業以外でも本を借りるためであるが、中学生の多くは授業となっている。この調査は平成７年度の実施であるが、平成30年度に徳島県教育委員会生涯学習課が実施した「子供の読書活動に関する意識調査」においても図書館利用率はほぼ変わっていない。

　その要因として思い当たったのが生徒指導である。一度、大島晴美図書

主任に、昼休みの開館について相談したことがある。返事は「難しい」だった。理由は、図書室は死角が多く、生徒が集まると問題は起きやすい。学校全体の生徒指導体制が崩れる可能性があることや、開館するには数人の教員配置が必要になること等であった。いつの時代も、生徒指導に明け暮れる中学校教員の姿が容易に想像できた。それでも、筆者には図書室を多くの生徒に利用してほしいとの思いがあった。図書室は生徒全員に学びを還元できる場所であり、毎年購入する素晴らしい本が整備されているのだ。別室登校生はもちろん、誰もが足を運びたくなる方法を考えた時に、筆者の頭に浮かんだのがバーコード管理だった。司書が返却本の管理に困っていたし、貸出ランキングを掲示すると「図書室に入ってみたくなるかも」と見当をつけたのだ。これには図書主任の賛同も得られた。片倉繁樹校長に提案について伺うと、前述の状況から、校長にも何とかしたいとの思いがあり背中を押していただいた。また、公益財団法人e-とくしま推進財団（学校図書システムを運営。以下e-とくしま）の存在も心強く、取組がスタートした。

プロジェクトの取組
⑴第Ⅰ期　効率的な図書管理と貸出冊数の増加を目指して

　バーコード化で一番大変なのは登録作業だが、平成31年度夏季休業日中の１週間で完了した。司書の配置やe-とくしま・教員の協力に加え、前年度からの下準備による成果だ。

　２学期にはバーコード管理開始を周知し、貸出ランキングを掲示した。目新しさもあってか貸出冊数は６月の２倍になった。また図書主任の提案で、生徒自身が図書検索できるパソコンを設置し、e-とくしまに依頼して予約機能を追加した。バーコード管理への教職員からの評価は「貸出作業と管理が楽になった」「気になる生徒がいたが、図書検索パソコンが話しかけるチャンスになった」「短時間で授業に使う本を探すことができる」「今

百選 校区で集金事務の統一を実現／学校徴収金のシステムが煩雑で各校の事務担当者も処理に困っていた。その上、保護者手数料が高かった。／振替の処理方法や手数料等の違いを比較検討し、PTA役員会で協議後、手数料の安価な金融機関に変更した。その課程を共同実施協議会で報告し、２年後に校区内の金融機関を統一、データの引き継ぎも可能になった。／白川小百合・香川県高松市立屋島中学校・32

までは教員だけで教育の話をしていた。事務職員が関わるとこんなに良くなるのだと思った」等であった。

　しかし令和元年10月に、取組の目的を見直すことになった。発端は校長室だよりである。ノーベル化学賞受賞者・吉野彰さんが、化学に興味をもつきっかけになった本「ロウソクの科学」（2年生・国語の教科書の中で紹介されている）について書かれていた。この本が図書室になかったことから、「教科書に出てくる図書が少ないのでは」との疑問が湧いた。司書が蔵書調査をした結果、充実しているとは言い難く、より学びを保障するために考えた方法が次の三つの案である。

(2)第Ⅱ期　学びの充実を目指して

①学力向上に向けて
・新学習指導要領と照らし合わせた図書の購入
・電子黒板を使用した図書の広報活動により、貸出率アップを継続し、読解力をつける
・新聞の活用（子ども新聞に加え、経済新聞を掲示する）
②不登校生徒も利用できる環境に
・ゲストアカウントを使用し、家庭から図書システムへの接続を（図書の話題をコミュニケーションのきっかけに）
③貧困対策として
・参考書や進学対策関係の図書を常備する

　この提案の背景は他にもある。図書の広報活動が不足していたこと、教員が「読解力が足りない」と常々言っていたこと、銀行で読んだ経済新聞に「未来への社会の流れ」を明確に感じ、生徒にも読ませたいと思ったこと、家庭の経済状況が厳しく進路の選択肢が狭くなる現実を目の当たりにしたことである。こうした身近に感じた「困り」への対応策としたものだ。近年の読解力が必要な試験問題への移行や、不登校・貧困は、どの中学校でも抱える悩みではないだろうか。この提案には教員の反応も窺えた。早

百選 校舎の大規模改築をコーディネート／学校の統合に伴い、校舎の増改築が計画されたので教育環境を整えるチャンスだと思った。／教育委員会と設計士、学校をつなぐ役割を担った。職会で、設計士を交えて教室の配置を検討したことが、組織的に教育環境を整備するために有効だった。棚など学校の要望で手作りしてもらうようにした。／西裕子・高知県三原村立三原小学校・19

速、図書主任は学習指導要領に合わせた図書を補充し、司書が「国語」「キャリア教育」等の内容で分けたコーナーを設けた。あわせて電子黒板での情報発信を開始した。

　この頃の貸出状況は、一次的に貸出冊数は増えたものの、すぐ元の状況に戻り、利用者はまだ一部であった。そこで、校長の配慮により年度2回目の学校運営協議会（筆者も運営委員）で協議することになった。得た助言は次の通りだ。「学びのためだけでは図書室に入らない。楽しくなければ。面白い本をきっかけに他の本も読むのでは」「保護者に、子どもたちに読ませたい本を聞いてみては」。この助言が腑に落ち、生徒・保護者へのアンケートを実施した。

　生徒の回答からは、利用していない理由の多くは「興味がない」「時間がない」こと、それでも「借りたい本があれば利用したい」ことが、保護者（回答率35%）からは「もっと本を読ませたい」「中学生がどのような本を読んでいるのか知りたい」ことが分かった。この回答を受け、情報発信の必要性を感じた。またアンケート実施後には、生徒たちから「図書室が変わってきた」という会話が聞こえた。

　以上の経過を年度3回目の学校運営協議会で報告し、さらに助言を得た。「生徒の中に好循環を作る。インプットしたことをアウトプットする場を。5分程度で図書の感想を書かせて、電子黒板に生徒のレビューとして掲載する。書く力がつき意欲もあがる」。だがこれからという時に、新型コロナウイルスの影響で長期休業となってしまった。一方で、経済新聞の活用案は、中学生には難しすぎるとの声もあり、難航していた。

(3)第Ⅲ期　学び支援プランの実行を目指して

　令和2年5月下旬、学校が再開すると、貸出冊数が飛躍的に伸びた。貸出データを見ると、生徒アンケートにより購入した図書が大半を占め、生徒の声に応えた効果が顕著に現れた。また学校運営協議会での助言どおり、学習に関する図書も貸出しされるようになった。学校が落ちついてき

百選「1分」を生み出す印刷室の環境整備／「時間が足りない！」とつぶやき忙しく働く教職員を見て、「時間」を意識した環境整備をしたいと考えた。／修正テープやペンなどの文房具セットを印刷室に設置し、その場で必要な作業が行えるように環境を整えた。また、大型裁断機、大型穴あけパンチ、紙折り機を購入し、職員が効率よく作業が行える環境を整えた。／堀江美奈子・埼玉県所沢市立所沢中学校・13

た7月、家庭からの図書システムへのアクセスが可能になった。すぐに案内文書を作成し、該当家庭に三者面談で配付した。今はまだ申請はない。また、図書室カウンターにレビューの用紙と箱を設置した。8月には、再度計画と進捗状況、アンケート結果を照らし合わせ、未実施部分の計画を練った。

①図書館だよりの協働作成（令和2年9月から実施中）

　アンケートの報告や貸出状況を伝える場は、毎月発行の図書館だよりにした（紙面配布とHPに掲載）。司書が作成する図書だよりに、筆者が担当する「図書室アンケートから」、図書主任が担当する「国語の先生から【図書室を利用して成績アップ！】」のコーナーを追加した。

②経済新聞の活用（令和2年11月下旬から1か月間の実施）

　NIEのHPで参考になる事例を探し当て（平成25年度・福岡市立能古中学校の実践事例）、教職員で協力して実施することにした。「難しすぎる」の対応策は「眺めるだけでいい」とした。

目的：社会の動きやさまざまな業界での活躍人を知り、広い社会と未来を感じられるようにするとともに自主性を養う。

掲示方法（担当者）：玄関ロビーに2日分全面貼り（スクールサポートスタッフ）。簡単なコメント表示をつける（協力職員・輪番制）。「面白い！」「いいね！」等よく使いそうな言葉を吹き出し表示で作り使い回す。記入用に空白の吹き出しも準備した。また、オススメ記事の見出しだけを各階掲示板に貼り（事務）「自分のオススメ記事を探そう」と呼びかけた。実施後のアンケートでは、13％が「またしてほしい」、14％が「違う新聞も読んでみたい」と答えた。

③貧困対策として（入試対策テキストを購入し準備中）

　入試対策テキストや参考書を選んだ理由は、価格が高い、経済的に厳しい家庭は購入が難しい、と考えたからだ。就学援助該当家庭等の支えになれば幸いである。

百選 地区内の校長と対話をしよう！／多くの校長は一緒に働いた経験がある事務職員の働き方＝事務職員全体の働き方だと思うため、視野を広げたい。／共同実施組織のリーダーとして、組織内すべての学校長と対話をし、事務職員に対する考え方や組織協働のあり方などについて意見交換をした（共同実施会議の会場を輪番制にして校長室を訪問）。／柳澤靖明・埼玉県川口市立小谷場中学校・17

プロジェクトの成果

　データ上の成果は、利用者数が昨年度64名から今年度（11月24日現在）113名に、貸出冊数は880冊から1084冊になった。日常的に利用している生徒は三十数名である。この数値変化は、生徒が自主的に動いた結果である。実は、当初から図書室の利用について、過剰な呼びかけはしなかった。町教委が目指す「自主的な読書活動」が大切であると考えたからだ。そのため、結果が出るまで時間がかかった。さらに、検索パソコンの利用増加・購入図書のリクエストや図書レビューの投稿と、少しずつ変化が見え始めた。他に、もう一つ着目した変化が、教職員の貸出冊数である。65冊から232冊になったのだ。教員を通して生徒に還元するという点での効果にも希望が持てるものだ。また校長は、町校長会等外部との会合で、意義のある取組として、折りに触れ紹介していた。司書が令和2年度から常勤になったのは、この後ろ盾によるものと推察している。

おわりに

　この取組では、学校図書室の可能性を感じた。学習としての機能はもちろん、娯楽的・福祉的な役割が大きいことを改めて認識した。まさしく「人生をより深く生きる」ための場所であり、図書室を通して学校全体の姿が見えてきた。振り返ってみると、成果が出た部分は「中学生に適した方法」であったのが分かる。感情が表に出づらい中学生の思いを汲む方法が、検索パソコンの設置や生徒アンケートの実施だった。しかしそれは、バーコード管理という「環境整備」が前提にある。この取組に携わった、どの職・どの組織が欠けても為し得なかった。この図書館改革では、「環境整備」「情報発信」「目標の見直し」「協働」「学校運営協議会」等いくつものアクションと方法により進めてきたが、それらをつないできたのは「生徒のために」という思いではないだろうか。

　現在、別室登校生が図書室から授業に参加できるように計画中である。どのような生徒にも寄りそえる学校を目指して。　　　　　　　　（佐川志保）

百選　安心して進学先を決めてもらおう／毎年変わる奨学金制度。経済的な理由で公立1本で受験する子もいたため。／奨学金制度について、事務職員が資料を作成して説明し、その後の問い合わせ先や手続きの窓口になった。／栁澤清香・埼玉県川口市立青木中学校・26

✏ 報告当日の受講生によるフィードバック

💬 横手裕さんからのフィードバック

　取組が「図書のバーコード化」から学力向上や不登校支援等へと広がったのは、普段から教職員との対話を大切にしているからだと気づきました。対話することで現状や課題を把握したり、事務職員だけでは思いつかないアイデアが生まれたりします。

　以前ホワイトボードを購入する際に、実際に授業でどのように使いたいかについて教員と話したことがありました。その時、教員にとっては、授業中にボードやペンを配る時間ももったいない、ということを知り、先生や子どもたちが実際に授業で使う姿が想像できていなかったと思いました。結局、ボードとペンとポケットティッシュ（イレーザー代わり）を収納できるものと、生徒机の横につることができる収納ケースも併せて購入し、生徒に配布することができました。この学習でたびたび出てくる「対話」というキーワード。自分のコミュニケーションスキルを高める必要性を痛感しています。

💬 井川奈那さんからのフィードバック

　「本が好き」を取組の動機としていることから、第一に感じたのは「わくわく感」です。プロジェクトに取り組むことで仕事が増えたのではないかと想像したのですが、報告からは負担感が感じられませんでした。何かを始めようとするとき、大小に関わらず不安があり、なかなか取りかかれないことがあります。今回のプロジェクトでは、「やりたい」という気持ちがそこを飛び越え関係者へ伝わったため、学校全体のプロジェクトとして広がっていったのだと思います。

　事務研の役員なども同じだと思うのですが、傍から見ていて大変そうだったなら「自分にはできない」と思われてしまいがちです。プロジェクトを進めている本人（自分）がやりがいを感じ楽しんで取り組んでいれば、自然と協力者や賛同者を得られるのだと考えました。

百選 学校予算委員会の必置化／共同学校事務室の設置に合わせて、その目的である学校の教育力向上を果たすため。／力量差のある各学校の事務職員がそれぞれに学校予算委員会を開催し、ファシリテートできるように、共同学校事務室において、「レジメのフォーマット作成」「予算データの共同作成」を行った。／前田雄仁・埼玉県嵐山町立玉ノ岡中学校・28

4 コロナ下におけるICTを活用した児童の学びの保障に向けた取組

はじめに

　新型コロナウイルス感染症の拡大は、児童・生徒の学校生活や学習の継続を脅かし、筆者が勤務する勝浦町立横瀬小学校（村井徹志校長）も例外ではなかった。新型コロナウイルス感染症対策として、令和２年２月27日（木）に安倍首相（当時）より出された一斉休校の要請に応じ、３月２日（月）から開始された臨時休校は、本校の児童の学校生活や学習の継続を困難にしただけでなく、日々の教職員と児童のコミュニケーションすら取れない状況を生み出した。

　私立学校をはじめ、ICT環境整備が整った学校においては、臨時休校の開始とともにオンライン教育を開始した学校もあるという。しかし、文部科学省が令和２年４月16日時点で調査した「公立小学校、中学校、高等学校及び特別支援学校等における学習指導等の取組状況」においては、同時双方向型のオンライン指導を通じた家庭学習を実施している市町村は５％に過ぎない。ICT整備が十分ではない本校においてもオンライン教育を直ちに実施できる状況にはなかった。

　こうした状況の下、教員は以前から整備されていた保護者へのメール配信等を活用し間接的な児童とのコミュニケーションに努めた。また教職員は、学校が再開された時に安心安全な環境で勉強ができるよう整備したり、新しい教科書を研究したり、できるだけ多くの校務を繰り上げて行ったり、いつもと変わらず多忙な日々を送っていた。「子どもたちは元気だろうか」「保護者も不安で仕方ないに違いない」という気持ちを抱きつつも、児童のために努力する教職員を前にして、教員と協働し学校事務職員として学習指導のために何かできないか、という気持ちがこれまで以上に高まった。

　本校は、９学級、児童数78名、教職員（常勤）16名の小規模校であり、

4月には人事異動により村井徹志校長、石田早人教頭含め6名の教職員の転出入があった。校長は、赴任とともに新型コロナウイルス感染症対策に向き合うこととなったが、「このような時代になり、今までのやり方では通用しない。知恵を出し合って子どもたちのためにこのコロナ禍を乗り越えていきたい」という方針をいち早く打ち出し、教職員一人一人が主体的に行動を起こすような土壌を醸成した。

こうした校長の思いを受け、教員のやり場のない思いを晴らすべく4月から5月24日までの臨時休校の間、新採3年目の教員とともに校務分掌上の「情報教育担当」でもある筆者は、教職員と力を合わせてICTを活用した児童の学びの保障に取り組んだ。今回の取組は、本校の実情に照らし、過度に無理をせず、ICTを活用して児童と教員とのコミュニケーション回路を確保し、児童の不安感を和らげることを主な目標とした。以下では、その2か月の取組について、学校事務職員の立場で経験を整理し、今後の教訓を得たい。

月　　日	対　　応
2月27日	安倍首相(当時)より一斉休校要請
3月2日	臨時休業開始
4月8日	2〜6年　始業式
4月9日	入学式
4月10日	全校登校日
4月13日〜	臨時休校開始
4月17日	1・2年　特別支援学級臨時預かり開始
4月中旬頃	家庭訪問(任意・電話)・インターネット環境調査
4月27日	1〜6年　分散登校・Zoom特別措置申し込み
5月7日・8日	1〜6年　分散登校(地域別週1回)
5月11日	3・4年　臨時預かり開始・下駄箱の課題交換
5月13日	5年　動画配信開始
5月14日・15日	1〜6年　分散登校・6年　Zoom指導
5月18日	6年　オンライン教室配信テスト
5月19日〜22日	6年　オンライン教室(朝夕2回)
5月19日・22日	1〜6年　分散登校(地域別隔日)
5月25日	学校再開
5月末日頃	5・6年　保護者アンケート実施
7月30日	5・6年　児童アンケート

百選 TELメモで時短。おまけに信頼度UP。／一人で電話2回線と来客対応をこなすワンオペ職員室。次々に鳴る電話にメモも取りきれず困ったから。／A5判のTELメモを作成。応対は相手と職員の予定を確認。①記入の時間が短縮された。②誰が使っても必要な項目が抜けない。③伝言する相手に確実に伝わる。④電話応対の回数が減った。⑤学校の信頼度UP。／鈴木綾・山形県山形市立第四小学校・13

ICTを活用した学びを保障するプロジェクトの取組

　本校では、ICTを活用した学びの保障に向け、以下のとおり取り組んだ（前頁表を参照）。

(1)オンライン環境の整備（4月末）

　児童とのコミュニケーション回路を確保するため、オンライン会議システム「Zoom」について調べ、セキュリティ、操作方法、料金体制など理解し、正しい使い方をすれば心配ないことを筆者は確認した。さらに、学校に限り特別措置として4月末日までに申し込めば今年度は無料で時間制限解除になるという情報を入手し、管理職に相談の上、申し込んだ。この頃から筆者は「オンライン教室」というビジョンを描いていた。しかし立場上言い出しにくく、ジレンマがあったものの、いつでも始められるよう粛々と環境整備を行った。

(2)家庭のインターネット環境調査の実施（4月末）

　同時に、どのようなオンライン教育が可能か把握するため、家庭のインターネット環境についての調査を行った。「Wi-Fi環境があるか」「メールを受け取っている携帯電話はスマホかどうか」「子ども専用の機器があるか」などをアンケート及び家庭訪問時の聞き取りによって調査した。インターネット環境については、98％回線があることが分かった。

(3)教職員のスキルアップ研修の実施（4月末）

　本校では一昨年度より徐々に教員用タブレット端末を増やしながらICTを活用する機会を積極的に増やしてきた。こうした流れを踏まえ、4月末に、情報教育主任を中心にオンライン授業を視野に入れたZoomの使い方やプログラミングについての校内研修を行った。

(4)教育の公平性の確保（4月末～5月中旬）

　オンライン教育に向けた準備を進めつつ、全学年においては、下駄箱を活用して接触せず課題交換を行うなど工夫を行った。さらに段階的に1～4年及び特別支援学級の児童については午前中のみ臨時預かりで対応する

百選 空き教室の活用から始まった教育環境整備／古く使えない物品が多くあり、それらを置く事で使えない教室があったためどうにかできないか考えたこと。／空き教室をコミュニティルームとして活用できるようにした。物品の移動や廃棄、購入と教職員の作業内容を計画・実行した。環境整備は長期的計画が大切だと感じ毎年教職員へアンケートを実施している。／春日原彰子・山口県宇部市立西岐波中学校・20

など徐々に対面する機会は増えてきた。他方、5・6年については登校の機会が少なく、オンラインの活用など何らかの対応が望まれた。

また、5年担任でもある情報教育主任からは早くからYouTube限定公開の動画配信の意向が示されていた。そこで筆者は、6年担任にZoomを利用した「オンライン教室」の実施を打診したところ、「一緒にしてくれるのであれば挑戦してみたい」とチャレンジすることになった。筆者はサポートを約束し、5月8日には職員会議において、動画配信とオンライン教室のスケジュールについて共通理解が図られた。教職員で力を合わせ、家庭のインターネット環境調査や校内研修を行っていたこともあり、全教職員の理解と協力を得ることができた。また同時に筆者は、共同実施で自校の取組紹介を行い、地域にも目を向けた。校長は、校長会等で教育委員会や各校長に連絡調整し、地域の教育保障に配慮した。

⑸教育支援（5月中旬）

家庭環境調べで機器の心配があった家庭について準備できるか、担任が個別に対応した。準備できない時の対応として、筆者は使用していない職員の機器を校長の許可を得て、貸与する準備を進めた。5年担任はYouTube動画の準備について主体的に進め、先行して動画配信を実施した。

6年のオンライン教室については、6年担任、特別支援学級担任、筆者で無理なくできる方法を相談した。6年生の児童数は12名（うち1名特別支援）、一画面で全員が参加できるほどよい人数である。特に担任はZoomについて不安感があったため、授業ではなく朝と夕方に「ミーティング」というスタイルで、子どもが「規則正しい生活」と「顔を合わせて話ができる」ことを目標にするということに決まった。この方法なら特別支援学級児童も無理なく参加できると考えた。さらに、オンライン教室を行うという児童・保護者向け「案内パンフレット」「Zoomの使い方」を担任、教頭と連携し筆者が中心となって作成した。操作案内について、担任は一緒

百選 めざせ備品の有効活用！／コロナ禍で臨時休業となっていた期間等を利用し備品整理・廃棄を実施。活用できる備品を再確認！／巻かれたままの備品庫に保管されがちな掛図型の地図。主幹や研究主任のアイデアにより地図や世界に興味を持ってもらおうと世界全図を常時掲示。児童が興味を持つようなコメントも添付。備品の有効活用が図られた。／小澤奈美・山梨県甲斐市立竜王小学校・25

に写真を撮りながら作成したため、操作方法を必然的に習得することができた。また、オンライン教室に関する窓口は筆者自ら担当し、保護者からの問い合わせに対応した。

(6)動画配信とオンライン教室の実施（5月下旬)

　6年児童も担任も自分で操作できることを目指し、分散登校で担任が説明しながら児童にZoomを体験させ指導した。筆者は説明の場に同席していたが、担任が主体的に説明することで、ICTの理解が深まった。

　オンライン教室開始当初はサポートするために筆者は職員室でホストを担当し、出欠の確認を行った。担任は教室から子どもたちと会話することに集中した。児童は「今日の目標」など発表し合い、緊張しつつも会話を楽しんだ。特別支援児童も家族のサポートを受け、本当に楽しそうに笑顔を見せてくれた。分散登校では会えないクラスの仲間が全員集合した瞬間は本当にみんなうれしそうだった。校長、教頭、養護教諭もひょっこり顔を出し、無事オンラインでコミュニケーションが取れたことを喜び合った。最終日は、自ら操作して参加できる児童が増え、担任自身も運営できるようになった。

　5年の動画については「3分程度でポイントを伝えて課題を出す」というスタイルを取り、飽きずに楽しんで勉強に取り組める授業動画を限定公開で配信した。再生回数は13名の児童に対し40回程度あり、「いいね」や「登録チャンネル数」で担任は再生を確認し、手ごたえを感じていた。

プロジェクトの成果

　学校が落ち着いた7月に児童に対して実施したアンケートでは、コロナ禍の状況について、児童のほとんどが「不安であった」と答え、6年のオンライン教室のZoom操作については数名「不安」を感じていた。しかし、実施後は「楽しかった」「とても楽しかった」とすべての児童が回答し、フリータイムがほしかったという意見も寄せられた。5年児童は「楽しかっ

百選　情報発信！教育活動の「見える化」／ホームページがほぼ機能しておらず、情報発信に消極的だった。／ホームページの一新。事務職員が担当し、日々の教育活動や生徒会活動を伝え、校長室からの発信も始めた。学校運営協議会とも連携し、地域コーディネーターとともに広報誌を出す予定。／要保企・滋賀県大津市立皇子山中学校・12

92

た。よく理解できた」と好評価の感想が多く担任自ら児童のことを考え工夫した動画の成果が見られた。また、学校再開時に保護者に対して実施したアンケートでは、臨時休校中に最も不安であったこととして「学力」「生活習慣」が挙げられ、オンライン教室については「とても良い」「良い」とすべての保護者が回答し、児童の様子の変化として「元気が出た」「喜んでいた」が多かった。

　6年担任からは、「赴任して間もなく臨時休校だったが、オンライン教室で子どもとコミュニケーションを取れていたのでスムーズに学級がスタートでき、非常にありがたかった。児童のアンケート結果でコロナ禍の状況について『不安』ということを知り、自分の認識と食い違いがあり児童の心情について理解することができた」、5年担任からは、「自分自身も楽しかった。再生回数で次の動画を工夫し改善していた。もう少し長くても良かった」といった感想が寄せられた。

おわりに

　今回の取組は、より子どもの意見を取り入れた運営をすればよかったなど残された課題もあった。しかし、限られた資源を生かして、学年によって対応は違うものの児童とコミュニケーション回路を確立し、無理なく教育活動を行うことで児童の不安感を和らげることに成功した意義は大きい。このような取組を教職員一丸となって進められた背景には、情報教育に詳しく、主体的な児童の育成というビジョンに向け、一人一人の教職員の主体性を後押しする校長の姿があった。また、「自分の目指すべき志」を常に意識し、「児童目線」で考え、校長の姿を手本にチームが気持ちよく働くことができるよう「配慮する」ことを筆者は心がけた。子どもの笑顔に向け、校長のリーダーシップの下、教職員がリーダーシップを発揮するチームの強さを実感した2か月であった。　　　　　　（谷　明美）

百選 保護者負担の軽減／法的根拠のない学校徴収金の在り方。／現任校（1年）以外で学級会計に関与して保護者負担の軽減を図った。また教科書・副教材事務にも関わり、学級会計を統括するとともに、支払い・会計報告作成等を担い教員の事務・業務を軽減した。／橋口泉・鹿児島県霧島市立舞鶴中学校・4

💬栾村洋子さんからのフィードバック

今までの取組の背後にこれほど多くの思いや考えがあったことを知りました。谷さんが、年度当初の校長の経営説明を大切にされながら進めていて、これは村井校長先生もうれしいだろうと思いました。村井校長先生の学校経営方針もとても参考になりました。私は、自分が出した経営方針に確たる自信がなく、もっと強いリーダーシップを自分の中にもたなければと思いました。

💬丸岡亮輔さんからのフィードバック

同じ徳島で、谷さんがこのような取組をされていたとは、本当に衝撃でした。機会があれば、「事務職員」が「情報教育担当」として位置づけされるまでの過程を聞かせていただきたいです。これも、普段の谷さんの努力や管理職のリーダーシップによって生まれたものではないか、と推察します。

全員が同じ条件でないから何もしない、誰か一人が反対するなら何もしない、そうではなくて、できる人から、できることからやってみる、という姿勢が周りを変えていくのだな、と感じました。また、報告後の小グループでの協議では、佐川さんが、谷さんのICTに関するノウハウを特別支援学級の交流会に活用されたと聞いて、そのスピード感に驚きました。私ももっと勉強します。

🏯**選** 明日も行きたくなる学校作り／学校のテーマ「明日も行きたくなる学校」を子どもだけでなく、教職員も実感できる学校にしたかったため。／ブレインストーミングを教職員で行いました。「明日も行きたくなる学校」はどんな学校なのか、業務改善を進めるために自分たちができることは何か、などの話し合いをしました。若手も意見できるように工夫しました。／内藤翔太・神奈川県川崎市立南原小学校・5

5 経済的困難を抱えた子どもの就学支援と学習支援

はじめに

　京都市では、就学援助の認定権限が学校長にあり、学校が就学援助制度の案内や申請受付、認定、就学援助費の支給等、一連の事務を担っている。学校は、保護者からの申請受付と同時に認定事務を進め、認定の可否を速やかに保護者へお伝えし、安心いただけるよう努めている。

　各校の事務職員は、認定事務を適正に進めていくために、担任や就学援助担当教員から生徒の家庭環境やさまざまな背景を聞き、時には直接保護者へ連絡を取り、就学援助の加算項目（長期療養等）の確認をする。そのような過程において、家庭の実情や経済的な困り、保護者の思いや願いに触れることもある。筆者（水口）は、このような経験から、事務職員としてさらに何ができるのかを考えるようになり、まずは直接子どもの姿を見てみようと、授業や行事を参観することから始めることにした。そうするうちに、教員と「子どもの姿を真ん中にして会話すること」が増えていき、次第に「この生徒にどのような力をつけ、どのように成長してほしいのか」を教員と共有しながら子どもたちと向き合うようになっていった。そして、就学援助制度の目指すところは、就学援助費を支給し経済的支援を行うだけではなく、教員と事務職員が協働して子どもたちの就学支援と学習支援をすること、子どもたちの学びを保障することではないかと確信するに至った。

　今回のプロジェクトでは、水口が以前勤務していた（当時、経験年数19年目）洛北中学校において東郷（当時、学年主任）と共に取り組んだ就学支援・学習支援について振り返るとともに、事務職員と教員が協働するためには何が必要なのかについて考えていきたい。次項の「取組」については水口から、さらに「成果の検証」は東郷から報告する。なお、洛北中学校は京都市の北東部に位置し、自然の豊かな大規模校（生徒数八百数十人）

百選 学校ホームページによる情報発信／学校運営に参画するため、自分の強みを生かせることを考え、ホームページによる情報発信を担当。／楽しんで見てもらえるよう、写真の枚数やアングルにもこだわり、最低でも1週間に1回の更新を目指し、在籍した8年間にわたりホームページで多くの情報を発信した（当時のホームページは現在残っていない）。／井汲智大・神奈川県川崎市立井田小学校・9

である。

就学支援と学習支援の取組
(1)授業や行事の参観

　筆者（水口）は、経済的あるいはそれ以外の理由において家庭環境が厳しい背景を持った生徒が、日頃どのように授業を受けているのか、行事に参加しているのか実際に見たいという思いで、積極的に授業参観をするようになった。就学援助対象生徒がしっかりと授業に参加し、先生の話に頷きながらノートを取り、発言し、級友の意見を聞いている姿を見ると、生徒を応援する気持ちはさらに増してくる。しかし時には、ペンを握ったままグループ協議で何も発言しない生徒を見て、授業の内容を理解できていないのかなと心配になることもある。また、空席の机を見て「今日も欠席か。家でどうしているのだろうか」とも考える。気になったことは担任や学年の教員と共有していく。事務職員として直接学習指導ができるわけではないが、事務職員にしかできない何かがあるはずである。

　筆者は、就学援助対象生徒を通してクラスのすべての生徒の姿を見ていく中で、また教員と対話をする中で、毎日・毎時の授業をより充実させるために、そして生徒が活躍できるように、学習環境整備に努めていきたいと考えるようになった。授業参観後には、気づいたことや感じたことを教員に伝えるが、その際の会話からまた新たな教員の思いを知ることができる。学校行事についても同様であり、参観後のいろいろな会話から、取組の意義をより深く理解することができる。このようにして互いに信頼関係が増す中で、「一緒に仕事をしたい。一緒に学校をつくっていきたい」という気持ちが事務職員も教員も共に高まっていった。合わせて、互いの職種の専門性に対する理解やリスペクトが自然と生まれてくることにも気づいた。後に東郷から述べるが、このことが「協働」を支える大切な土台となっていくのである。

百選 教育活動に機能する学校事務の推進／特別なことをしなくても負担軽減と教育の質の向上を両立させる業務改善ができるのでは？と思ったため。／備品整理に対する意識改革や備品検索ソフト・購入希望集約ソフトの開発を行い、備品の活用促進や必要物品の洗い出しの効率化、保有備品を知る機会の創出、保管場所へのアクセスの効率化を図った。／水崎哲敬・静岡県静岡市立大里西小学校・
10

96

⑵理科・自然研究の取組の改善

　毎年文化祭では、各学年各教科、さまざまな生徒の作品が展示される。理科展では、１、２年生が夏休みの宿題として取り組んだ自然研究レポート600点のうち、各クラスから選出された優秀作品200点ほどが展示されていた。筆者は、それらの作品の中に、就学援助認定事務を通して覚えている生徒の名前を探してみた。就学援助対象生徒が活躍していたら嬉しいなと思ったのだが、残念ながら彼らの作品をほとんど見つけることができなかった。このことを当時、理科主任の東郷に伝えると「今までそのような視点で見たことがなかった。大変重要な課題ではないか」と受け止められ、実際に優秀作品に選ばれている生徒のリストと就学援助対象生徒の名簿を突き合わせ、指摘の通りであったことを共に確認した。さらに、「就学援助対象生徒の学力保障はできているのか？　経済的な負のスパイラルを教育の力でなんとか断ち切らなければならないのではないか」と考えた。東郷たち理科の教科会では、「身近に自然研究の参考図書がないことが原因の一つではないか」と仮説を立て、次年度は夏休み前に、自校の図書と地域の図書館から借りた参考図書を使って事前学習を実施した。図書の貸出しも積極的に行った。さらに、自然研究に必要な物品の貸出しを行うことや、希望者には理科室で実験する機会を設けた。筆者は、理科の教員が一丸となって取り組む状況を共有し、必要な図書・物品の調達を行った。しかしその翌年も、優秀作品の中に就学援助対象生徒のものは非常に少なく、学力格差を埋めるのは簡単なことではないと改めて思い知った。

　しかしこの取組を通して、東郷は次の一歩につながる芽が二つあることに気づいたという。一つは、自然研究作品全体のレベルが向上し、底上げができたこと。もう一つは、事務職員と教員が協働して学習支援に取り組む可能性の広がりを具体的に感じ取ったことである。筆者も、事務職員としての使命感がさらに深まり、学習支援の取組は教員と事務職員の「協働」が不可欠であることを確信することができた。ちなみに、この事前学習の

自選 若手教員への組織としての学校の意識付け／若手教員早期育成プログラム事業の若手研修で講師をすることになり、事務職員だからできる内容を考えた。／教員が普段の研修で受けない内容である、予算や保護者負担（教材費）を軸に、お金と教育活動の結びつきについて説明した。また、学校には教員以外にも様々な役割を担う人がいて、学校が成り立っていることを話した。／数馬裕美・石川県金沢市立大徳中学校・16

取組は現在も継続して行われている。

(3)保護者負担軽減の取組

　6月の就学援助継続認定時には、所得額が就学援助の基準額を若干超えて就学援助対象外となる家庭がある。そのような家庭は、経済的に一番厳しい状況となる。このような場合に事務職員としてできることは、預り金の集金額を抑えることではないかと考えた。つまり保護者負担軽減を図ることである。筆者は、校内予算委員会で保護者負担軽減について提案を行った。単に削減を図るのではなく、なぜ保護者負担の軽減に努める必要があるのかを理解してもらった上で、学習保障のために何が必要なのかを議論しなければならない。議論のための材料として、教科ごとに「学校予算の振り返りシート」を作成し活用することにした。これをもとに検証した結果、今まで保護者負担で購入していたワークブックを取り止め、同様の学習効果が得られる学習ソフトを公費で購入したいとの提案が教員からあった。筆者は、学習ソフト購入に向けた予算計画を立案した。単発的な取組とならないよう長期的視野を持って計画し、さらに購入後には、学習ソフトの評価を教員と共に行っている。その後、他の教科も同様の取組を進めるなど、教職員全体で保護者負担の軽減に努めている。

成果の検証

(1)学力向上・進路保障について

　教員と事務職員の協働による学習支援の取組は、その成果として学力向上へとつながったのだろうか。

　筆者（東郷）が、就学援助対象生徒の成績や定期テストの点数を追跡して調べたところ、就学援助以外の生徒との差は残念ながらほとんど縮まっていないことが分かった。進路保障についてはどうであったか、ある一人の生徒の事例を紹介する。その生徒は、学力不振、家庭の経済的困難、保護者の教育力の課題を抱えて入学してきた。1、2年生の時には家庭の都

百選 人間関係構築と物品購入計画の同時解決／初めての異動で新たな学校の職員と仕事の話をするにも話しかけづらく、考えました。／職員室の座席表と校務分掌一覧をバインダーに挟み、自己紹介をしながら教員の学年や担当教科、部活などを確認しながら、今困っていることや欲しい物品などを確認して、お悩み解決をしながら人間関係を構築しました。／萩原悠輔・千葉県印西市立本埜中学校・6

合で欠席することも多く、成績は非常に厳しいものだった。ところが３年生になって、高校進学を真剣に考え始め、欠席もかなり減ってきた。当時学年主任だった筆者と学年教員たちは、「絶対にこの子の手をはなさない」という気持ちで、毎日彼女を抱えるようにして放課後学習会に参加させた。明日に入試を控えた日、「私、受かる気がしない」と泣いていた姿に、「成長したなあ」と感じたことを覚えている。彼女の不安は、自分の人生と今まさに真剣に向き合っている証拠なのである。結局彼女は第一志望校に合格することができ、３年後無事に卒業、今は市内の病院で働いている。彼女の中学３年間の成績はほとんど変わることがなかったが、最後まで自分の進路と向き合って頑張り続けることができた自信こそが彼女の生きる力になったように思う。当時は教員と事務職員との間でも彼女のことがよく話題にのぼった。教職員みんなで見守り、寄り添い、励まし、つないだ手をはなさない。これが進路保障の基本的な姿勢なのだと思う。

⑵生徒・保護者に寄り添う教職員への変容

　今回の取組を通して得られた成果の一つに、教員の意識の変容が挙げられる。例えば就学援助申請書類がなかなか出せない家庭に対して「提出しないのは家庭の責任」と発言するなど、当初は就学援助に無関心な教員も少なからず存在した。しかしそれが、「なぜ提出できないのだろう、就学援助がなければこの子の給食はどうなるのか」等の声が職員室で聞かれるようになった。教科会で「振り返りシート」をもとに次年度予算を検討する取組も定着しており、保護者負担軽減についての意識も高まっている。

おわりに

　事務職員と教員が、生徒それぞれの家庭に寄り添いながら就学援助や保護者負担軽減について共に考え、協働で就学支援、学習支援の取組ができるようになった背景には何があったのだろうか。最大の要因は、両者が互いにリスペクトできる関係を築いていたことではないかと思う。就学援助

百選 ようこそ新入生／中１ギャップが騒がれていたとき、新入生を少しでも中学校になじんでもらうようにしたいと思った。／企画委員会のメンバーで入学説明会の際に授業体験を組み入れ、その案内作成やクラス分けの表を作成し集約する。準備物などの連絡をしたり町バスを借用し運行計画を作成した。小中学校の連絡調整を行った。／中原千代美・鳥取県米子市日吉津村中学校組合立箕蚊屋中学校・25

制度や保護者負担軽減については事務職員がまず説明や提案をするが、それだけで実効性のある取組につなげていくことは難しい。しかし、事務職員と教員が自校の子どもたちの課題を共有し、互いの職務の専門性をリスペクトする関係が確立していれば、事務職員の言葉は教員にもしっかり届いて心に響くものになる。また学校のリーダー（管理職や学年主任）の強力なフォローがあったことも大切な要因であった。

　さらにさかのぼって、事務職員と教員が互いにリスペクトする関係が築けたのは、普段からのコミュニケーションが基本にあったからだと考える。といっても、単に世間話をしていたわけではない。目の前にいる子どもの話ができることが大切なのである。授業や行事の子どもたちの活動を事務職員の視点で見て、気づいたことや感じたことを教員と共に話し合える機会が日常的にあったことが、互いへのリスペクトへとつながっていったのだ。

　ここまでを振り返ってみると、「協働」とは、「互いの強みを足し合わせていくこと」だと気づく。今回は、子どもの貧困から就学援助制度に焦点を当てて、事務職員と教員の協働について報告した。子どもの学びを真に保障するには、さらに広く子どもたちを取り巻く状況に目を向けていかなければならない。私たちは、就学支援・学習支援を必要としている子どもたちを看過していないか。声を発するのは教員でも事務職員でも誰でも良い。そこからさまざまな専門性を有した職員が協働し取組を展開していけるのが学校である。

（水口真弓、東郷伸也）

百選 教職員向け電子版「学校事務ガイド」の作成／校務の情報化で次々と新しいシステムが導入されたが、教職員から度々質問攻めに遭って困っていた。／当初は各種システムの簡単な解説とマニュアルへのリンク程度だったが、事務手続きの説明や、ごみの分別方法などの学校ルールも加えた。職員会等でも「事務ガイドを見てください」と言えば済むことが多い。／森田早苗・鳥取県大山町立名和小学校・29

✏ 報告当日の受講生によるフィードバック

💬 松野由季さんからのフィードバック

確かに、子どものことをよく見て知っているのは教員かもしれませんが、就学援助対象者が誰なのか、どのくらいいるのか、といった情報は事務職員のほうが把握しているのかもしれませんね。これまで、子どものことは先生には敵わないと勝手に思っていましたが、見方によっては、先生には新鮮な情報にもなり得るのだな、と思いました。事務職員も子どもを見て、感じたことを先生と話し合う機会があるのはとても大切ですね。今回の事例のように、その対話が先生や学校を動かすきっかけになったなら、素敵ですね。

報告後、小グループでの話し合いで、事務職員の授業参観の話題になりました。皆さん、カメラを持参したり、管理職と一緒に参観したり、備品の確認と称して行ったり、授業参観しづらい雰囲気の中でいろいろな工夫をしながら、授業参観をされていると聞き刺激になりました。事務職員も子どもをしっかり見ること、大事ですね。

💬 船橋武士さんからのフィードバック

本校では、就学援助は事務職員が担当しているため教員の就学援助制度の理解不足を少しでも改善しようと思い、校内研修を行いました。その時は制度について知ってもらうこと、子どもに関わる重要な仕事であり教員の仕事と無関係ではないことを伝えるように意識しました。しかし、堅苦しかったなと反省しました。また、就学援助を利用している家庭の児童について、自分は気づいたことがあっても先生方にそのことを共有していませんでした。事務職員目線での気づきを活かせておらず、もったいないと思いました。

本校は「自分の良さを生かし、夢に向かって挑戦し続ける子どもの育成」を学校教育目標とし、「自己肯定感と学力」の両面を伸ばす取組を続けています。そこで、就学援助児童の自己肯定感アンケートの結果について興味が湧きました。就学援助というレンズで校内を見ることで学校教育目標の実現に貢献できるのではとの期待が持て、やる気が出ました。

自選 探す時間を減らせ！／赴任して一番よく聞かれるのがものの位置。しかも同じ職員から同じものの位置を聞かれることもしばしば。／まず不要物品等の徹底的な廃棄。必要物品のカテゴライズから整頓へ。必要物品をカテゴリーごとに収納。位置を変更したものについては全職員周知。／角田雅昭・島根県松江市立内中原小学校・8

6　感動！協働！共感プロジェクト

はじめに

　長浜市立余呉小中学校（筑田利美校長、10学級・学園生数136名・教職員26名・非常勤12名）は、県下初の施設一体型小中一貫教育校（義務教育学校）として、平成30年4月に開校した。義務教育学校は、従来の小学校と中学校という枠組みを外して、発達段階に応じた柔軟な指導を行うことができる新しい学校の形である。学校教育目標を、「余呉に学び　大きな心で未来を生きぬく～しなやかに　そして　たくましく～」と設定し、義務教育9年間を見通した教育課程の工夫で学園生の確かな学力の定着、異学年交流、地域との交流などのつながりの中で、豊かな人間性と社会性を育てている。そして、すべての教職員が卒業時の子どもの姿を思い描き、9年間の子どもの教育に責任を持って取り組んでいる。

　余呉小中学校の根幹は、義務教育9年間の「学び」と「育ち」を3つのステージで展開するつなぎの教育である。1～4年生は学級担任、5・6年生は学級担任を主としながら一部の教科で専門教員による指導、7～9年生はすべて教科専門教員による指導を行っている。そして、その学びの中心は、独自カリキュラム「よごふるさと科」である。

　義務教育学校の一番の特徴は、カリキュラムを弾力的に運用できることにある。生活科や総合的な学習の時間を「余呉のよさに気づく」学びに再編成し「よごふるさと科」としてふるさとをつなぐ学びを進めている。

　筆者が校務分掌で担当している地域連携、ICT、マネジメントの取組から、本校の教育目標の達成に向けての筆者の実践事例である「感動！協働！共感プロジェクト」について紹介したい。

「感動！協働！共感プロジェクト」の取組について

　次頁の図は、余呉小中学校の重点項目を、各種事業の具体的な取組と関

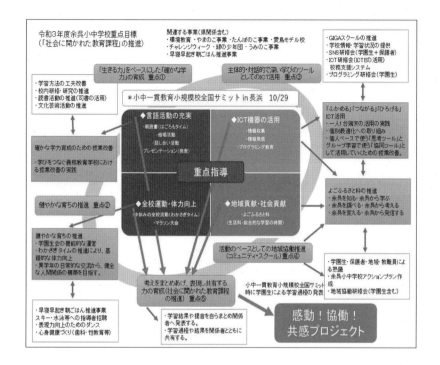

連する事業費について筆者が「可視化」したものである。こうすることによって、個別の事業や予算などの関連だけでなく、本校の課題解決のために、経営資源である人・もの・金をどこに投入すべきかが分かる。

　また、本校の教職員や学校運営協議会委員などと、本校の課題と取組、それに関連する事業費について共有するために活用している。

　特に、学校運営協議会では、校長の経営方針の承認が義務付けられており、教育計画とともに、予算や施設に関することも承認事項となっている。筆者が学校運営協議会の事務局を担当しており、年度当初の承認事項の補足説明や、予算要求時の次年度の実施計画などについて、前述の図を用いて説明を行っている。

📘選 市事務グループ活動活性化（業務班）／松江市の地域グループごとにバラバラな活動をまとめ、業務改善し地域協働や小中一貫に充てる時間を創りたい。／市内全体の事務職員のレベルアップのため、業務ごとにグループを作り、地域グループとは別に業務改善や広報、研修の企画を行った。／勝部千恵・島根県松江市立第一中学校・37

このように、学校内での事業と予算などを可視化することは、学校事務職員が、事業責任者や予算担当者として学校経営への参画に深く関わることにつながる。「事務をつかさどる」職として、教育目標の達成にアプローチするためにも活用できるツールである。

　長浜市の標準的職務に関する通知では、コミュニティ・スクールへの参画が事務職員の役割として明示されている。この通知を受けて、すべての小、中、義務教育学校で重点課題と事業と予算を関連づけた資料を学校運営協議会に経営計画とともに各校の事務職員が提案している。校内の課題を把握し、解決に向けて役割を担っていくことが、「事務をつかさどる」職につながると考え、取組の差はあるが、それぞれ実践をしている。

(1)地域連携コーディネーター（地域連携教職員）

　滋賀県や長浜市の標準的職務に関する通知では、地域連携に関することが事務職員の役割として明示されている。

　また、地域連携を進めていく上で学校側の担当として地域連携コーディネーターが滋賀県内すべての学校で校務分掌上に位置付けられている。ここ数年、この役割も学校事務職員が担っている学校も多くなってきた。

　本校での筆者の役割は、PTAや学校運営協議会の事務局とともに、「よごふるさと科」をはじめ、カリキュラムに地域の人をコーディネートする役割である。

　特に、地域との関連が重要な「よごふるさと科」では、すべての学年が課題解決のために学んでいくため、課題に応じた対応を行っていくことが求められる。

　8・9年生のオリエンテーションでは、地域づくりを行っている企業・団体の方にお越しいただいて、経験をもとに具体的で分かりやすいお話をお願いした。余呉の現状と子どもたちの学びをつなぐ役割を果たせたと考える。

百選 無くすぞ！無駄の徹底的排除／ダンボール箱に入った、大量の使用されていない備品を見て。／いつ、どのような、どんな備品が必要か、使用したいかを教職員にリサーチ、一覧にまとめる。備品の見える化。備品のラベリングと管理場所の整理整頓、数量のチェック。／益田由美・徳島県徳島市北井上中学校・5

(2)教育情報化コーディネーター（情報教育主任）

　本校では、パソコン教室にデスクトップPC、教室等で利用可能なタブレットPC（Windows・iPad）を整備し、学習を支援するツールとして活用している。特にタブレットは、個人ベースで使う「思考ツール」とグループ学習で使う「協働ツール」として活用している。筆者は、情報教育主任として、学びを「ふかめる」「つながる」「ひろげる」の観点で管理・運用を行っている。「よごふるさと科」では、調べたことをまとめ、伝えることを通して、表現力や思考力をつけることも大きな目的となっている。

　8・9年生の取組では、YouTubeでの動画配信、ラインスタンプ販売、余呉PR動画配信、余呉スタンプラリーなど、ネットを活用した取組を進めた。特に、YouTubeでの動画配信を行うグループでは、個人情報や著作権、利用規約等クリアすべき点について、学園生の思いを活かしながら筆者も共に考え取り組んだ。余呉の紹介資料としての写真や動画には、プログラミング用に整備したドローンを活用して、撮影することにも協力を行った。

　10月に開催した、地域向けの発表会では、iPadでのプレゼンを活用しての提言活動がスムーズになるようにサポートを行うとともに、「新型コロナウイルス感染症」対応のため参加できなかった保護者に向けての映像配信などにも取り組んだ。

　昨年文科省から通知された、事務職員の標準的な職務の明確化に係る学校管理規則参考例においても、GIGAスクール構想の実現に相まって、学校におけるICTを活用した教育活動をより充実していくために、事務職員に期待される役割は大きいところであり、ICTに関する研修の充実・育成に一層努めることとある。すべての事務職員がこの視点も意識して関わっていくことが重要だと考える。

(3)カリキュラム・マネジメント

　カリキュラム・マネジメントとは、教育内容と、教育活動に必要な人

自選 学校事務システム開発工房／表計算ソフト等で事務処理に役立つものが何かできないかと思ったことがきっかけです。／「より効率的な事務処理を」をモットーに、旅費計算システムや文書受付管理システムなどいろいろな便利ツールを作成し、無償配布しました。／平尾英司・徳島県美馬市立美馬中学校・13

的・物的資源等を、地域等の外部の資源も含めて活用しながら効果的に組み合わせ、すべての教職員が参加し、学校の特色を創り上げていく営みである。筆者はこうした観点で本校の「よごふるさと科」に大きく関わっている。余呉小中学校のイメージキャラクターの「天女」（そらめ）をあしらったエコバッグやハンドタオルの販売、ラインスタンプの販売等、経費が掛かることもある。

そのために、本校では、さまざまな企業や組織等の研究助成金を活用し、前述の取組を進めている。これらの手続に関する事業計画や報告は財務担当である筆者が担っている。また、実際販売するタオル製作については、地元の業者から情報提供をしていただき、細かなところまで対応していただけるメーカーにお願いした。

このキャラクターグッズ販売の取組では、学園生の思いと、教員のねらう目標達成を、「人」「金」そして「情報」の観点で深く関わってきた。購入された保護者や地域の人からも「とてもかわいい」「肌触りがいい」など、大変良い評価をもらっている。

私たち事務職員は「人・もの・金・情報」といったマネジメントを支える経営資源について、主体的に担っていくことと、学びに直結したコーディネート機能が、より重要になると考え、実践を深めていきたい。

プロジェクトの成果

学園生が、ふるさとである「余呉」について生涯何らかの形で関わってほしいというのが、筆者が取り組んでいる「感動！協働！共感プロジェクト」のビジョンの根幹である。

子どもの学びや育ちを、すべての教職員や地域の方々とともに担っていくことの重要性を再認識した取組であった。

特に、「よごふるさと科」では、さまざまな人との交わりを通じて、余呉を知る・余呉を変える・余呉を発信することを目的として取り組んでい

る。そこには、学園生も地域の主体であるという意識を持つことが重要である。そのために、学校の課題は何なのか、解決へ向かうためには何が必要なのかを関係する人と思いを共有する「熟議」が不可欠である。筆者が地域連携教職員として担当し、学園生、保護者、地域、学校で開催した「四者熟議」は、それぞれの立場の意見を聞くことができ、とても意義深いものであると、毎年学校運営協議会とPTAの連携で実施することになった。関わる人の当事者意識を醸成する重要なステップである。

おわりに

　このプロジェクトが動き出して３年目、地域の主体である子どもの学びに、多くの地域の方々が、当事者として関わってもらえるようになってきた。筆者が新規に担当している「早寝早起き朝ごはん推進事業」にも、学園生、保護者、地域の方々の積極的な参画を促して進めている。

　私たち学校事務職員は、「人・もの・金・情報」、などの経営資源をマネジメントできる職である。この機能を最大限活かして、子どもたちが主体となって地域協働に向かうようなサイクルの構築ができれば、本当の意味での「地域とともにある学校づくり」へつなげることができる。将来、巣立った子どもたちが余呉を活性化させてくれると信じている。（松田幸夫）

百選 Zoomを使ってみよう／Zoomアプリを使ったオンライン研修が始まった。／私は研究部でZoom会議をしていたので、簡単な操作はできた。そこで、職員の校務用パソコンにアプリをインストールできるように市教委へ交渉した。そして、操作方法について校内研修をした。／尾山美由紀・徳島県小松島市新開小学校・29

💬 増田真由美さんからのフィードバック

　今回の報告では、子どもたちがやりたいこと、やろうとしていることに、事務職員としてこういう考えを持って、こう動いていけば実現できるのだよということを教えていただきました。そして、谷さんの質問から導き出された「事業費獲得」の発想！　松田さんのお話はこれまでもいろいろなところでお聞きしていますが、そういえば、どういった財務運営をされているのか具体的なお話は聞いたことがなかったなと思いました。そのような意味では、今回の谷さんの質問力にも刺激を受けました。

　地域と学校をつなぐ力、ICTと教育活動をつなぐ力、事業と予算をつなぐ力、人をつなぐ力。どのように「つなぐ力」を身につければよいのか。まず知る＝学ぶこと、そして挑戦すること。さらに何が必要か考えたい。

💬 吉村由巳さんからのフィードバック

　今回の報告からは、事務職員にはさまざまな可能性があることを感じました。また多角的に自校の子どもたちの育ちために貢献できることを実感しました。これほど教育活動に貢献するためには、発表の中に出てこなかった困難もあったのかもしれません。コメント中、「松田さんの（取組の）特徴は、いろんなチャンネルからリソースを持ってくること」「常に主体が子どもであること」が、大変印象的でした。一方で「現段階では属人的」と前置きし今後は外へ拡げる動きを、という言葉もありました。松田さんは全国の講演会等で広く取組を披露されており、さまざまな実践の中で「地域とともに」を大切にされています。「取組の核は」との藤原先生の問いに対し、「地域」とのことでした。機会があれば、今回の報告では語られなかった地域連携の実践の詳細について伺いたいです。

百選 購買を地域業者に／担任が毎日、職員室に名札を取りに来ていて業務改善が必要だと思ったから。／制服用の名札を、学校周辺の業者に委託し学校外で買えるようにした。／木部留之介・福井県福井市和田小学校・8

▎7　学校評価とサーベイ・フィードバック

　実務経験に長け確かな自信をもった学校事務職員には、学校全体の方向付けや評価といった戦略マネジメントに参画してほしい。ここでは、戦略マネジメントの中核である学校評価に学校事務職員が取り組む際のポイントについて述べる。

学校評価の目的及び機能

　学校評価は2007年に学校教育法に規定された。公立学校での学校評価の実施率はほぼ100％だが、その実施率の高さとは裏腹に「停滞」（小松、2020）しているといわれている。

　学校評価の目的は、学校としての組織的・継続的改善、学校・家庭・地域の連携協力、設置者による教育の質保証・向上の三つが挙げられる（文部科学省「学校評価ガイドライン（平成28年度改訂）」）。加えて、学校評価は意図とは無関係に「価値内面化機能」（福嶋、2010）を備えている。提示された重点目標や評価項目自体があるべき教育像や学校像を潜在的に示すものとなり、評価者の価値規範として内面化し行動を変革していく機能である。この機能は学校評価に関わる人々の目標を一致させ、組織的な学校改善行動を引き起こす正の方向に働きうるが、同時に、学校評価の目標や評価項目とは異なる取組を軽視するような負の方向にも働きうる。

　こうした評価に内在する機能を、組織開発の分野では「コレクション効果」（中原、2020）、会計監査の分野では「植民地化（コロナイゼーション）」（パワー、2003）ともいう。いずれも、何を評価するのか、そして評価項目を誰が設定するのかが重要であることを示唆している。だからこそ、評価においては目標や評価項目の設定プロセスが重視される。

サーベイ・フィードバックの考え方に基づく学校評価

　組織開発の分野で近年意義が見直されているサーベイ・フィードバック

百選　柔軟な物品購入／購入した備品、物品が十分に活用されない、使用頻度の少ない物品を購入していたこと。／購入希望の物品をワンクッション事務職員が間に入り、他の教職員と共に購入するかどうか吟味した。／小林裕太・福井県福井市六条小学校・8

の考え方は、学校においても役立つ。中原淳は、サーベイ・フィードバックとは、「組織で行われたサーベイ（組織調査）を通じて得られた『データ』を、現場のメンバーに自分たちの姿を映し出す『鏡』のように返して（フィードバックして）、それによってチームでの対話を生み出し、自分たちのチームの未来を決めてもらう技術」と説明している。

　サーベイの方法として最も使いやすいのは質問紙、アンケートだ。これは数値で状況を全体的に俯瞰して見ることができるが、リアルな声や感情を拾い上げにくい、また少数者の抱える事情や問題を把握するのが難しいことから、面接・ヒアリングや観察を組み合わせるのが良い。こうしたサーベイを通じて、状況を「見える化」するデータを獲得する。

　サーベイの意義の一つは、学校組織の場合、学校経営や教育活動を担う教職員のみならず、児童生徒や保護者、地域住民などの学校関係者の声を聴き、実態をつかむことができるという点である。普段学校との関わりが少ない人や面と向かって意見を届けることを遠慮している関係者も、サーベイ・評価という場面では意見を伝えやすくなる。もう一つは、起こっている問題を属人的に見るのではなく、個人から切り離す（責任の個別化を防ぐ）ことで、個人への直接的な指摘や非難ではなく、組織の問題にできる。オープンに指摘し、問題を共有し、組織的改善に向けた建設的な対話が可能となる。

　しかしより重要なのは、サーベイ後のデータの解釈と改善に向けた具体策を話し合うフィードバックのプロセスである。特にアンケートの場合、その結果をどのように解釈するか、またその結果の原因は何なのかについて各教職員がそれぞれの解釈を出し合い対話を深めていくことが不可欠である。この対話が十分でないと、表面的な数値改善につながりかねない。データを踏まえた対話を通じて、真因にアプローチする実行可能な改善策を見いだすことができる。

百選 壁面を利用して学習意欲を高める取組／本校には英語免許を持つ教員がおらず、職員室横の壁面に大きなスペースがあったため。／ニュースで話題になっている事柄や授業に関連した内容を英語で紹介したり、学校経営方針に基づくSDGsについて、月毎に紹介している。／齊藤恵子・福井県大野市乾側小学校・22

学校事務職員と学校評価

　学校事務職員として学校評価にどのように取り組むか。第一に、評価実施そのものへの取組である。例えばアンケート実施だ。データの高度な統計的分析は必要ない。誰もが一目で分かる単純集計により、経年変化や教職員・児童生徒・保護者の間の見方のズレなどに着目してその意味の解釈を促す。

　第二に、例えば学校財務や施設設備管理など学校事務に関わる事柄を評価項目に取り入れることだ。児童生徒に対して「授業で使う教具の数が足りないことはあるか」「校内で危ないところはあるか」。保護者に「学校は保護者負担金の軽減をしているか」、教職員に「安全面・衛生面の観点から危険な施設・設備はないか」などと問うことで、組織としては意識していなかった個人の問題意識を顕在化できる。加えて、そうした問題意識が各主体に内面化し、普段から意識する人が増えていく。数値自体を改善するよりも、価値内面化機能を評価に期待するのであれば、毎年同じ項目を評価せずとも良い。

　第三に、学校評価によって顕在化してきた問題状況がヒト・モノ・カネといった教育条件に関わるものであった場合には、その改善を学校設置者に求めていくことである。問題の真因を深堀りしていく評価により、公費予算の拡大や施設設備の整備など教育条件に関わる事柄を所与のものとすることなく、改善を要求していく主体的取り組みが可能となる。

　このように、サーベイとフィードバックのプロセスを組み合わせた学校評価の在り方は、学校の「組織で行う経験学習」（中原他、2018）となりうる。評価、すなわちデータ収集それ自体よりも、そうしたデータをめぐって教職員の間で解釈し対話すること、教育像・学校像を揺さぶり磨き上げながら互いの理解を深めること、学校の問題を表面的ではなくその真因を捉えていくことが、何より学校改善につながる。　　　　　（福嶋尚子）

百選　学校行事の動画配信／コロナ禍の中、学校行事を開催しても、保護者には見に来てもらうことができない。そこで、動画配信！／教頭先生・興味のある先生と、３人で始めました。動画配信なんてやったことないので、配信機材・配信ツールの選定、ノウハウ等々を、少しずつ得ていきました。／石川一也・福井県高浜町立高浜中学校・23

8　実践論文の書き方

理論と実践をつなぐ

　理論と実践の関係を表現する以下のような言葉がある。「ベルヌーイの定理があったから飛行機が飛んだのではなく、飛ぶ鳥を見て、飛行機は生み出された」「最も実践的なものが最も理論的である（レビン）」。全国の各校で展開されている実践の中には、多くの宝のような営みが成されている。その宝のような実践を理論的な枠組みで明示することは、その価値を抽出することとなり、一つの実践を他の地域、他の学校でも活用可能な「知見」として昇華されることを意味する。

　一方、研究者と実践者の思考には、以下のような違いがある。研究者が行う実践研究は、先行研究で蓄積された研究知を活用して理論的な枠組みを構成し、理論の実践化を展開する。よって、実践前のプレデータを整理し、実践後のポストデータと比較することで研究の成果を検証するパターンが多い。一方、実践家は、目の前の問題を解決しながら日々の業務を遂行していることから実践前のプレデータを準備することが希で、実践後にその営みの価値を自覚することとなることが多い。よって、尊い実践の宝を研究的に検証することの困難さが捉えられる。また、実践家の営みは、現場の複合的な問題を対象とし、問題解決のために複合的な取り組みを策定して展開することが多く、成果や効果も複合的で、理論的な整理が難しいという「複合性」の問題をはらんでいる。

実践の理論化の見方・考え方

　「複合性」という現場実践の特徴をどのように理論的な枠組みで整理する可能性があるのだろうか。以下の事例を通して、実践を理論化する基本的な見方・考え方を整理したい。

　「休校期間におけるICTを活用した学習支援の実践」を例にする。コロナ禍における休校期間に子どもたちの学習を支援する遠隔システムの構築が

自選 市教委と連携した事務処理軽減／昨年度末の休校に伴い、就学援助や就学奨励費の請求事務に課題があることを感じたため。／市教委・保護者・学校三者の事務処理軽減（事務処理の流れの見直し・様式の簡素化・重複内容の削減・振込日の検討）／柳町理恵子・福井県勝山市立鹿谷小学校・25

112

多くの学校で展開された。ある学校では学校事務職員の発案で、Zoomを活用した遠隔システムを組織的に構築し、子どもたちの学習支援が展開された。この実践事例を通して、複合的な成果や効果が見いだされた。具体的には、子どもの「学習支援効果」「孤立化防止効果」「生活習慣の維持効果」、また、教職員にとっても遠隔システムの構築を通して「組織的な協働の促進」「個々の教師の実践的な知識の組織的共有」「事務職員の経営参画の促進」等である。このことをすべて記述することは、実践報告に留まり、実践の理論化とはならない。では、この実践をどのように理論化する可能性があるのであろうか。そもそも研究論文は、研究的に明らかにしようとする「テーマ」とその背景にある「問題」、その問題に対する「先行研究の知見」、本研究で明らかにしようとする「研究の目的」、その目的を達成するための「研究の内容と方法」、そして具体的な「研究的実践」とその「結果」、結果から捉えられる研究の「成果と課題」という一連の明確な軸で貫かれている（「目的」（何のために）→「内容」（何を）→「方法」（どのようにして）→「評価」（どうなったのか））。

　つまり、例示の実践は、複合性を排除し、理論化するためには、まず実践を貫く明確な「テーマ」を絞り込む必要性がある。その際、論者として「何を最も主張したいのか（最も主要な成果・効果は何か）」を自問自答することから始めなければならない。例えば、本実践の主張のポイントを「子どもの学習を支援する遠隔システム」とした場合、その内容は、構築された「遠隔システム」の構造であり、評価は「学習支援の効果（子どもの学びの姿）」で検証されることとなる。つまり、研究の目的・内容・方法が遠隔システムの構成要素（内容）とその展開（方法）であり、その結果が「子どもの学びの支援」で貫かれることとなる。一方、テーマを「遠隔システムの組織的構築」とした場合、遠隔システムの構築過程にスポットライトが当てられる。教員と学校事務職員の協働的な構築過程を記述し、その成果を検証することとなる。

百選 現金取扱の適正化（教頭合同研修会）／学校における現金取扱ルールが、煩雑であるという理由で徹底されない傾向にあるため。／現金取扱規定や事故事例を市教委と共に教頭会にレクチャーすることで危機意識を共有し、学校における現金管理を無理のない仕組で適正に行われるよう徹底するにはどうしたらよいか共に考える機会を作った。／林佳代子・福井県大野市尚徳中学校・26

実践研究の展開過程については、生起する問題や障害を含めて記述することが求められる。その問題等を乗り越えるリアルな事実も実践研究の一部となり、次の実践につながる研究的な価値を包含し、汎用可能性を高めるのである。

　また、実践研究の成果や効果については、テーマと呼応した子どもや教員、学校事務職員、さらには保護者、地域の方々の「意識と行動の変容」の記述が求められる。その実践を通した「意識と行動の変容」の事実そのものがエビデンスとなる。その変容の中に実践研究の宝があり、論述化されるべき研究的な価値が存在するのである。

　さらに、現場の実践の特徴として「複合性」を指摘したが、成果・効果を記述する際、主要な成果を記述すると共に、その成果と連動して生み出された副産物的な効果も合わせて記述することをお勧めする。例えば、「子どもの学習支援」をテーマにした場合、「子どもの学びの姿」を成果とすると共に、そのシステムを構築する過程で生み出された「教職員の協働性」や「教員相互の実践的知識や技術の共有」等も副産物的効果として付加的に記述する。複数の要素を組み合わせて展開される現場での実践では、一つの変容が次の変容を生み出す良循環が生み出されることが往々にしてある。この良循環そのものを構造的にリアルに記述することが次の実践研究の道標となるのである。そして、複合性をもって学校全体に良循環を生み出す価値ある実践研究が蓄積されることが、飛ぶ鳥から飛行機が生み出されるような学校教育の進化を生み出すこととなると考える。　　（久我直人）

百選 SWSP：至民ワクワクスタートプログラム／コロナ禍で臨時休業になり、生徒の様子が心配であったため。／休校中の生徒の生活の様子や心情等について、Googleフォームにてアンケートを採ることを提案し、実施。さらに授業再開に向けて、ワクワクした学校生活になるよう手だてを考え、協働して取り組むよう提案。／吉田清子・福井県福井市至民中学校・38

9　専門性と広い視野からのチームとしての学校づくり

はじめに

　2000年に総合的な学習の時間が創設され、20年が過ぎた。私はこれまでこの総合的な学習の時間にずっと関わってきた。教科書のない学習に、試行錯誤しながらも、子どもたちが主体的・協働的に学び、大きく成長する姿に感動をもらった。学校運営においても、学習指導要領に示されているカリキュラム・マネジメントの充実は、総合的な学習の時間の実践に相通ずるものがある。そこで、学校運営でのカリキュラム・マネジメントの視点と総合的な学習の時間指導のノウハウから、事務職員に期待したい「チームとしての学校づくり」について述べてみる。

カリキュラム・マネジメントの視点から

　各学校では、児童・生徒が先行き不透明な時代を生き抜くための資質・能力の育成をめざし、学校長がその学校の経営方針を示し進めていく。そのためには、子どもの実態等を踏まえての目標の設定や教科横断的な視点による教育課程編成、日々の教育活動の見直しと改善、校内外の資源活用等のカリキュラム・マネジメントが重要になってくる。事務職員には、学校長がどのようなことに重点を置き、学級担任は何を求めているか、その意向を汲んで積極的に情報の提供や意見をしていただきたい。そのためには、職員との積極的にコミュニケーションを図るのはもちろんのこと、児童・生徒・保護者・地域住民等と直接ふれあうことが大切であると考える。

総合的な学習の時間の手法から

　総合的な学習のプロジェクト型の実践で「ジグソー法」という手法を取り入れた。商品の企画開発をすることが最終目標の単元で、インターネッ

百選 事務室メンバー教育活動支援参画／北九州市で標準職務表に示されている「教育活動支援」への参画により、よりよい学校運営を期待できたため。／事務室メンバーが、それぞれの形で教育活動支援を行った。例）スクールバスへの介助員としての乗車、音楽の授業での楽器演奏、校外ウォーキングへの同行、児童生徒のトイレ介助、その他昼休みに一緒に遊ぶなど。／日力雅史・福岡県北九州市立八幡特別支援学校・12

ト調査、実地調査、インタビュー調査をする班に分かれ活動を開始した。調査終了後、それぞれの調査班を解体し、それぞれの調査メンバーが一人ずつ入った企画開発班を再構成した。これによって、各班にスペシャリストが入ることになり、よりレベルの高い経験に基づいた案が出された。各学校での事務職員の専門性は、このスペシャリストにあたる。財務・予算等専門的な視点から学校運営への積極的な意見を出してほしい。

おわりに

　私の新任教頭としての赴任先は、全校児童20名に満たない極小規模校であった。事務職員はいなかったので、教頭職と学級担任に加え、初めての事務職も経験した。いろいろと戸惑いながらも、財務等について学ぶ良い機会となった。多くのことを経験し、広い視野で学校を見つめることも非常に大事なことだと感じた。事務職員の皆様も専門性を生かしつつ、広い視野で学校運営に主体的・協働的に参加していただければと願っている。

（村井徹志）

百選 校内の「学年会計マニュアル」を作ろう／保護者負担の学年費。会計事務を担当する先生方は初めて会計に取り組む方も多く戸惑われることが多かった。／年間を通して見通しをもって会計事務を行えるよう「学年会計マニュアル」を作成。事務室との連携、業務分担の明確化、予算から決算まで年間を見通して校内統一した適切な会計執行につながったと思う。／堀典子・福岡県久留米市立牟田山中学校・19

10 すべては子どもたちの「幸せ」のために

はじめに

　新米教頭として赴任した学校は、全校児童約250名の中規模校。教務主任が担任をしていたので、教頭の仕事はとんでもない量であった。前任の教頭から次の教頭への引き継ぎは、すべて学校事務職員からだったので、教頭の仕事も把握していてくれていた。困ったときは、いつも助けてもらっていた。次に異動した学校は、全校児童約700名の大規模校。教頭は2人。生徒指導の問題も頻発し、教頭の仕事以上にその対応に追われていた。今思うと、PTA会計等財務関係で連携ができていたら、もっと効率よく仕事を進めることができたのにと思う。学校の規模に応じて、教頭と学校事務職員の役割分担も違うし働き方が違う。その経験を基に、校長として「チーム学校」のための分散型リーダーシップを構築するために、学校事務職員に期待することをまとめてみたい。

自分の周りから整理整頓

　まずは業務を効率よくこなしながら、整理整頓を自分の周りから始めてほしい。書類やデータ、物品等を整理し作業能率を上げる。そして、自分の居場所を作り、その視野を学校全体へ広げてほしい。学校には、整理できずに埋もれている宝物がたくさんある。それを発掘し、有効に活用できるように発信してほしい。また、企画会等のさまざまな委員会に関われるようにする。それを組織するのは管理職であるので、メンバーから外されている場合は進言し参加をするとよい。

子どもたちの活動への参加

　次に、学校行事等子どもたちが活躍する場を見てほしい。子どもたちの息づかいを感じながら、彼らの学びのために何が必要であるのか体感し環

百選 おやじの会活性化計画／おやじの会組織が確立しておらず、校区パトロールや校内作業などの手助けが必要な状況だったから。／おやじの会代表と連携し、SNSグループなどを組織し学校と保護者の距離を縮めた。また、最低年1回のおやじの会連絡会を開催し、保護者同士の距離も縮めた。パトロールや校内作業を無理せずできる環境を整備中。／柴田正治・福岡県大野城市立平野中学校・25

境を整える。経験を重ねると、ある程度のことが分かり業務の遂行も早い。そうなっていくためにも、時間の許す限り子どもたちの近くで関わってほしい。

教職員との会話

　そして、子どもたちの姿を媒介として教職員との会話を展開する。情報交換を積み重ねるうちに、さまざまな立場の教職員との信頼関係が生まれる。そして、頼りにされるようになる。その中に、子どもたちの効果的な学びのために必要な環境整備のアイデアがある。それを敏感にキャッチし、環境整備につなげてほしい。

おわりに

　学校事務職員にも、財務関係等の業務だけでなくそれぞれの個性を生かした仕事がある。得意不得意があって当然である。これからは、学校運営に積極的に参画することが求められている。得意なことをどんどん提案し実績につなげていく。それがやりがいにつながるし学校力の向上にもなる。幸せな学校事務職員として子どもの幸せに貢献してほしい。

（栄村洋子）

百選 生徒名簿【原本】の事務室作成・管理／担任や各担当がそれぞれの使途に応じて生徒名簿を作成していたため、最新情報の把握ができていなかった。／最新情報がすぐに把握できるように事務職員が生徒名簿【原本】を作成し、情報に変更があった場合はその情報を事務職員に集中させ管理を行った。併せて生徒名・学校名入の封筒印刷が簡単にできるなど機能を拡大した。／馬原伸司・福岡県川崎町立川崎中学校・28

第 3 章

「共同実施リーダー」
スクールビジネスプロジェクト
〜地域全体を高めるスクールビジネスプロジェクト〜

学校事務職員のキャリアステージ

　学校事務職員には、総務・財務・施設管理といった実務を遂行しつつ、学校運営に参画し、教育の質向上に貢献することが求められている。自分一人だけで学び、仕事上で直面する課題を乗り越え、高いレベルの仕事をしている人もいるかもしれない。そうした一部の学校事務職員を除けば、一般の学校事務職員が高いレベルの仕事に到達することは難しい。

　そこで、複数の学校事務職員を同一の事務組織のメンバーとして捉え、学校事務職員が分担・協力して仕事を遂行して、総体として高いレベルの仕事を遂行するという学校事務の共同実施という仕組みが開発された。各地における学校事務の共同実施の試行を経て、2017年からは、法律上の根拠を持つ共同学校事務室が制度化された。共同学校事務室の制度化を踏まえた、理想的な学校事務職員のキャリアアップの道筋（キャリアパス）を図1に示す。ここでは、「共同学校事務室長」の学校事務職員に期待される役割について記述したい。

　2020年にある県で実施した調査に

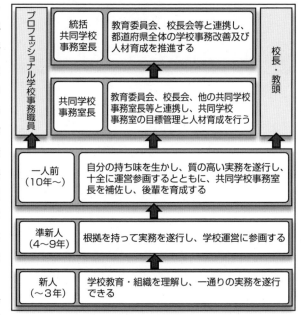

図1　学校事務職員のキャリアパス

プロフェッショナル学校事務職員	統括共同学校事務室長	教育委員会、校長会等と連携し、都道府県全体の学校事務改善及び人材育成を推進する	校長・教頭
	共同学校事務室長	教育委員会、校長会、他の共同学校事務室長等と連携し、共同学校事務室の目標管理と人材育成を行う	
一人前（10年〜）		自分の持ち味を生かし、質の高い実務を遂行し、十全に運営参画するとともに、共同学校事務室長を補佐し、後輩を育成する	
準新人（4〜9年）		根拠を持って実務を遂行し、学校運営に参画する	
新人（〜3年）		学校教育・組織を理解し、一通りの実務を遂行できる	

百選 共同学校事務室若年経験事務職員研修会企画／本年度共同学校事務室内に経験2年未満事務職員が4名在籍し、基礎的な研修の必要性を強く感じたため。／職務の基礎知識・県費・市費・就学援助・調査統計等の内容や学校予算の職員研修の見学等実施。若年経験者はもとより、他の室員にさまざまな講義の講師を受け持ってもらうことで、室全体としての力量アップを目指した。／吉備昌彦・福岡県嘉麻市立山田中学校・33

よれば、共同学校事務室のおかげで、学校事務職員の勤務校における仕事の質は向上するか否かに関する検証によれば、より適切な実務遂行ができるようになったという効果が最も認識されているほか、よりカリキュラム・マネジメント、学校経営、地域連携協働に参画できるようになったという成果も認められている。

また、同調査では、こうした成果と共同学校事務室の「組織志向文化（ビジョン・目標の下、実践や知識を共有する）」や「貢献志向文化（連携校の児童生徒の生活・学習の質向上に対する責任を共有する）」といった文化が関連性を有していること、さらに、共同学校事務室長による「目標達成志向リーダーシップ（ビジョン・目標を立案し、その実現に向け進捗状況管理を行う）」及び「メンバー支援志向リーダーシップ（メンバーを信頼応援する）」の発揮が、そうした文化形成と関連性を有していることが明らかにされている。キャリアパスを整備し、優れた共同学校事務室長が育つことによって学校事務の高度化が実現する可能性は高いと言えよう。

「共同学校事務室長」のスクールビジネスプロジェクト報告

本章に掲載するのは、6人の「共同学校事務室長」の学校事務職員によるスクールビジネスプロジェクト報告である。

樋口桂子さん（八女市立福島中学校、30年目（プロジェクト取組時、以下同じ））は、教育に貢献する学校事務職員の育成に向け、学校課題の共有、各校の校長との面談、目指す学校事務職員像の作成などに取り組み、学校事務職員の意義を盛り込んだ学校事務職員像の関係者間での共有が有効であるという教訓を得ている。

吉村由巳さん（愛南町立平城小学校、26年目）は、これまで以上に教員の事務負担軽減に向け貢献する共同学校事務室を目指し、新たな挑戦に積極的に取り組む文化の醸成に尽力し、室員への声掛け、個性を生かした分掌、共同学校事務室の意義の説明などが有効であるという教訓を得てい

地域協働エコ活動／花の購入費を充てにくかったため予算の補填を目指したことと、地域の方が足を運びやすいきっかけ作り。／ニチバンによる「粘着テープの巻芯回収プロジェクト」に参加し、花の種をもらった。なお地域の方に「事務だより」を発行し、学校内の予算の使い方なども踏まえながら回収の呼びかけを行い、地域全体でエコ活動に参加。／瀬木陽介・兵庫県相生市立中央小学校・4

る。

　豊岡明子さん（勝浦町立生比奈小学校、40年目）・谷明美さん（勝浦町立横瀬小学校、30年目）は、学校事務職員の人材育成と専門性発揮の土台である教育委員会等の学校事務理解に向け、財務分析の共同検討、研修資料の共同作成に取り組み、挑戦と学習（経験学習）の共同化が有効であるという教訓を得ている。

　梶野敬子さん（高松市立花園小学校、30年目）は、各学校が直面する課題を集約し、市全体で課題解決を図るため、学校事務支援室として共通課題に取り組み、学校と市をつなぐ組織の有効性、そして、組織化に伴い学校事務職員の自立性が損なわれる危険性があることなどの教訓を得ている。

　神原千恵さん（西粟倉村立西粟倉中学校、34年目）は、学校に愛着を持つ学校事務職員として成長するよう新規採用者を支援し、企画委員会への参画、職員室における指導、達成感を感じられる場面づくりなどに取り組み、共同実施組織の先輩によるメンタリングの有効性に関する教訓を得ている。

　入澤晃爾さん（美咲町立旭中学校、41年目）・大天真由美さん（美咲町立加美小学校、38年目）は、町全体の学校事務の質の高度化に向け、教育委員会も参加した共同実施連絡会などの組織を作り、標準職務表をベースとして学校事務職員間の分業体制を可視化し、進捗状況管理に取り組み、各校の課題の共有プロセスの重要性に関する教訓を得ている。

　これら6事例はすべて、地域全体として学校事務職員が高いレベルの仕事が遂行できるように、共同学校事務室の力を生かした優れたスクールビジネスプロジェクト報告と言えよう。

（藤原文雄）

百選 備品入札を自らの手で／令和2年4月、当教育委員会に学校財務事務取扱要綱が制定された。学校に権限と責任が与えられたため。／管内小・中学校2校備品要望のすり合わせを行い、入札依頼を行った。応札後、担当した中学校の予算委員会と小学校事務担当者立ち会いの下、開札を行い落札業者を決定し、担当校で契約を行った。／向田公昭・兵庫県播磨高原広域事務組合立播磨高原東中学校・24

1 共同学校事務室における人材育成の実践

はじめに

　筆者が勤務する八女市立福島中学校（中園仁彰校長）が属する八女市には共同学校事務室が設置されている。八女市共同学校事務室の業務内容については、八女市立学校共同学校事務室の事務処理規程により「八女市立小学校、中学校及び義務教育学校事務職員の標準的職務について（以下、職務標準表）」に示している職務のうち、共同で処理することにより適正化・効率化が図れる業務となっている。標準職務表では、事務職員がつかさどる職務、参画する範囲、室長の職務について示されている。室長の職務には、室員の資質向上に関する研修の企画・実施及び実地指導や、事務職グループ校の諸課題改善に向けた取組等があげられている。

　筆者が室長を務める八女市共同学校事務室Ａグループは、設置３年目を迎え、小学校４校・中学校２校の計６校を６人（加配・市雇用職員無し）で実施している。本グループの室員は、全員10年以上の経験年数があるため、学校事務に関する知識や適正な事務処理能力があると判断している。さらに共同学校事務室では、室員の基礎能力を高めるために、通知文書の読み合わせや特異な事例の共通理解、書類のチェック等を行っている。これらに関する共同学校事務室の業務については、毎年度前期・後期に行う成果検証において、室員の評価は高い。一方、標準職務表の「参画する範囲」に示されている、企画運営に関すること（学校マネジメントの推進、学校業務改善の推進等）、危機管理への関与、関係機関との連携や渉外、教育課程に関することに対し、どのように進めていけば良いのか分からないという、室員の悩みがあげられていた。しかし筆者はこの悩みに対し、共同学校事務室でどのように支援していくのか、具体的な取組を示せず、課題と感じていた。

　折よく、平成29年の学校教育法の一部改正により、事務職員は事務を

「つかさどる」となっていた。この改正では、学校におけるマネジメント機能を十分に発揮できるよう、事務職員の専門性を生かし事務にあたり、より主体的・積極的に校務運営に参画することが求められている。この「つかさどる」事務職員をめざすことにより、課題となっていた標準職務表の「参画する範囲」への取組ができると考えた。それを個人の努力の取組として任せたままにせず、共同学校事務室で「つかさどる」事務職員の育成に取り組んだ。

人材育成の取組

(1)現状の課題分析と取組の方向性

事務職員の専門性については、先の学校教育法の一部改正通知文書に、学校組織における唯一の総務・財務等に通じる専門職とされている。まずは、この専門性を高めるために、どのように人材育成をしていけば良いかを考えた。

八女市では営繕・一般備品のみ予算要求ができ、その他の予算については人数割り・学級割り・施設割りという配分割りと前年度の実績等により配当される。そのため、校長等と子どもたちの育ちや学校の課題解決のために、どのような教育活動が必要で、そのためにどのような予算が必要か、という話をする機会をほとんど持てない。

そこで、共同学校事務室の取組として、予算は何のためにあるべきかについて考える機会を作ることにした。予算執行業務と学校運営とをつなぐことで、つかさどる事務職員の育成ができないか試みた。

(2)財務ヒアリング

初めに、予算執行業務と学校運営をつなぐ取組として「財務ヒアリング」を行った。ヒアリングの資料は、室員が、財務面を通して考える当該校の課題について記載する。様式は任意とし、室員の想いを自由に書いてもらっている。そのため、資料の内容は、公費の執行状況や学校徴収金の未

自選 学校業務改善（教頭と担任教諭の負担軽減）／学校教育法の一部改正を受け、負担の大きい教頭と事務の役割分担・事務の校務運営への参画方法を見直した。／町学校サポートネット（地域協働活動）や校区補導委員会の学校側窓口を担当。ボランティアとの調整を行う。また、学校の課題（体育館清掃、児童机整備、学校行事での見守り等）に対応し人材募集や企画準備を行った。／髙橋一行・兵庫県上郡町立高田小学校・39

納状況、保護者負担軽減等、多岐にわたっている。この資料作りには、ね
らいがいくつかある。まず、自校の財務の執行状況について振り返りがで
きる。次に、それについて、分析の機会が作られる。そして、学校の課題
に気づくためには、管理職や教員等とコミュニケーションを図ることや、
授業等での子どもたちの実態に近づくことが必要になる、という点だ。資
料作りは難しいかもしれないが、課題解決ができること、執行状況や取組
に対し、他者から評価してもらえること、これにより自信を持って業務に
取り組めるという効果がある。

　ヒアリングでは、室員が資料の説明をし、その他の室員は、課題につい
て、自校の実践や過去の実践から、解決するためのアイデアを出し合う。
他の室員の多角的な視点からの質問は、自らが課題の本質に気づきやすく
なり、解決方法にたどり着きやすくなる。説明を聞く側も、他校の資料を
見ることで、自校の財務状況と比べることができ、新しいアイデアも参考
にできる機会となっている。

　また、資料作成とヒアリングの組み合わせは、いわゆる企画提案の形に
も類似するため、学校等で企画や提案を行う場合の予習にもなっている。
この取組が、実態を知り、気づき、それらを解決するために何ができるの
かという積極性や、他の職種との関わりから、学校運営のスタッフである
という自覚の促し、事務職員の役割等を考え実行していく主体性、それら
の育成につながることを期待している。

　財務ヒアリングを受け、室員は、解決策を実践したり、予算委員会の資
料や自己評価に反映させたりしている。また、校長との人事評価面談にも
活かしている。

⑶校長とのヒアリング

　共同学校事務室で各校をローテーションで巡回する際に、各校長と室長
のヒアリングの時間を作っていただいている。校長とのヒアリングでは、
その学校の室員が作成した、財務ヒアリング資料について話している。当
該校の事務職員が、財務や学校の課題をどのように捉え、それを解決する

百選 教室環境のICT化／授業の質の向上を図りたかった（特に学力低位層にとって分かりやすい授業を狙った）。／教室の黒板上に大型テレビを設置し、目線を移動せずに、パソコンや実物投影機の映像や資料を見られ、一部PCから発表もできるようにした。／奥山光明・北海道函館市立港中学校・29

ために何に取り組もうと考えているのか、またその他の室員からどのようなアイデアが出たかなどを報告している。さらに、本人が頑張っているところ、良いところ、さらに伸びてほしいと思っているところも進言している。

　各校長とヒアリングを行う目的は、いくつかある。一つ目は、室員が作成した財務ヒアリングのアフターフォローである。ヒアリングを受け、課題を解決するための実践の場所は、当該校だ。当該校長が、事務職員の実践について理解をしていることはとても意義がある。もちろん当該校の事務職員自身が校長に直接伝えることも大事だが、個人の企画提案に共同学校事務室の見解が加わることで、実践に価値が付加され、当該校の事務職員に対する、校長の評価や期待が高まる。

　二つ目は、予算執行業務と学校運営がつながることの理解促進だ。各校長に、財務はさまざまな教育活動の裏付けとなっていること、その業務を事務職員が行っていることを再確認してもらう。そのために、財務ヒアリング資料にある具体的な案件を例に出し、財務と学校運営がどうつながるのかを強調し説明している。

　三つ目は、学校現場での事務職員の人材育成の依頼だ。事務職員のマネジメント能力を高めるためには、校長の意思決定の場に同席させるとともに、適切な役割を与えることが必要だ。各校長には、月に数回程度の共同学校事務室での人材育成には限界があること、マネジメント能力は学校内で育つこと、事務職員は学校運営スタッフの一員であることを伝え、常に学校運営に巻き込んでいただけるよう、お願いする。

　また、校長とのヒアリングは、共同学校事務室が、学校管理規則等に定められた組織だからこそ可能となった。室長であるからこそ、グループ内の事務職員の成長を願い、育成上の課題について校長へ進言することができる。これは、共同実施との大きな違いだと感じている。

(4)事務職員のめざす姿のステージイメージ図の作成

　共同学校事務室での財務ヒアリング等の取組を進めていくうちに、うまくいかないことが出てきた。それは、人材育成として考えていた取組が、何をめざしているのかという意義を示せなかったためだ。標準職務表の「参画する範囲」に関わることの必要性や、財務ヒアリングの資料作成の負

担感を超える効果等について、何があるのか、室員と何度も話し合うことになった。

　また、今年度4月、共同学校事務室運営協議会の資料を、共同学校事務室Aグループ会長である本校校長に提出した際も、さまざまな質問が返ってきた。特に室員も感じていた、何のための取組かという意義について問いが続いた。何度も資料を書き直し説明していくうちに、財務ヒアリングの作成自体が目的となってしまっていることに気づいた。これを解決するには、財務ヒアリングを手段として示し、手段の先にある事務職員のめざす姿を示す必要があると考えた。以前、ある校長に、人材育成の難しさを相談していたが、室長は、室員の取組に価値を付けるだけで良いと教えていただいたことがヒントとなった。つまり「何に向かうのか」という方向性を示すこと、その意義を伝えることだ。

　下の事務職員のめざす姿のイメージ図は、事務職員が段階的に職能を成長させることで、学校の事務機能が強化され、子どもたちの豊かな育ちにつながっていくことを示したものだ。これは、室員がどういう視点で業務に取り組めば良いかという根拠、室長が共同学校事務室内の業務や、財務ヒアリングの際に、どういう声かけをしたら良いかという根拠となった。また、各校長とのヒアリング時では、人材育成の視点の説明も示しやすくなった。

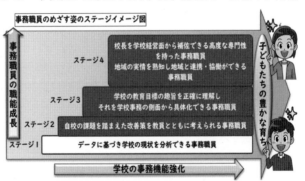

人材育成の成果

　今年度の前期反省では、室員から「学校の現状を分析すると課題が見えてくる。課題が見えるとその解決に向けて対策を始められるので、財務ヒアリングの資料作りは良い機会だと思った」との感想があり、意義が伝

わった。また、ヒアリング後の課題解決のための実践には、他職員との協働につながったもの、教育課程へ関わったものがあった。これらから事務職員の主体性・積極性の高まりが見られた。さらに事務職員の専門性が学校運営につながった。学校運営のスタッフという自覚により、マネジメント能力も高まってきている。室員の一人は、校長から、来年度の学校運営について誰よりも先に相談を受けたそうだ。校長に認めてもらっていることで、さらに学校事務という職務にやりがいを感じているとも話していた。

おわりに

　室長が、共同学校事務室での人材育成を行う場合、それを最初に後押ししてくれたのは、学校管理規則等の制定だった。法的な根拠があるから積極的な取組ができた。そして室員の成長は、共同学校事務室内の業務に対する主体性・積極性にもつながった。室長が主導しなくても、それぞれの業務担当者が企画提案をしてくれる。つかさどる事務職員が育ちつつあると感じている。

　今後も、事務職員のめざす姿のステージを、一つずつ段階を上げていき、その意義を示し、室員がたどり着いた答えに、価値づけし、育てていきたい。

（樋口桂子）

✏ 報告当日の受講生によるフィードバック

💬 佐川志保さんからのフィードバック

　樋口さんの「子どもたちのために頑張れる事務職員を育てたい」という思いが伝わる取組でした。事実、事務職員の成長が、学校や子どもに反映されており、人材育成の成功例だと思いました。人材育成の成功の秘訣は、「ステージイメージ」ですね。私は、ステージイメージの作成により、事務職員や校長先生の意識が変わり、財務ヒアリングや校長とのヒアリングに変化が現れた、という流れかと思っていました。一方でステージイメージ作成による変化はなかったのかというのが気になりました。

　「価値づける」ということはとても難しいことです。価値づけによる目に見える成果は、今後表れてくるのではないでしょうか。私自身は、人材育成には向いてないのではないか、といつも思っていますが、「価値づける」に取り組んでみようと思います。

💬 増田真由美さんからのフィードバック

　本気で事務職員を育てようと奮闘されている樋口さんの気持ちが伝わってきました。財務ヒアリングや校長ヒアリングといった取組の実現の裏には、報告資料には載っていない、室長としての樋口さんの段取りや動きがたくさんあるのだろうなと感じました。これからリーダーを目指していく年代としては、その実際の動きや工夫されているところ、どのようなところに苦労されているかというお話も聞けたらと思いました。肝だとおっしゃった「仲間づくり」の大切さは私も日々感じています。室員の方が、続けていくことで広がりが出てよく話せるようになったとおっしゃっていました。続けること、対話することが仲間づくりの地道な一歩なのかも、と感じました。

2 共同学校事務室運営の工夫と実践 ~教員の子どもと向き合う時間の確保を目指して~

はじめに

　愛媛県では、平成10年9月の中央教育審議会答申を背景に、平成17年度から公立小中学校事務の共同実施の試行が始まり、平成27年度から県内全市町で実施している。また、平成28年12月に県教育委員会義務教育課長から発出された「学校事務の共同実施の在り方に関する指針」(以下、指針)の中で、共同実施の目的、役割、実施方法が明示された。

　平成21年4月、筆者が所属する平城共同事務室(当時)は愛南町立平城小学校(中川公詞校長)に拠点校方式集中配置型(拠点校に複数の事務職員を配置し、地域特性に応じた数の構成校の学校事務を行う)の共同実施組織として開設された(平成31年4月より平城共同学校事務室。以下、本事務室)。現在、愛南町内3か所の共同学校事務室を統括する事務長1名が、地域長としてA共同学校事務室に配置されている。地域長とは、指針の中で明記された役職で、共同実施地域内の共同学校事務室に対し、指導監督を行う役割を担っている。

　愛南町共同実施地域に属する本事務室は、室長含め4名の室員が配置されている。現在、事務を担当する構成校は、小学校4校、中学校1校の計5校である。

　文部科学省は「学校現場における業務改善のためのガイドライン~子どもと向き合う時間の確保を目指して~」(2015年7月)において、副校長と教頭の従事率と負担感が高い業務として、給食費や学校徴収金に関する業務を挙げている。また、「教員悶絶業務」として会計事務、地域連携事務、児童・生徒の引率業務等を挙げている研究もある(露口、2019)。このように全国的に学校の働き方改革が叫ばれ、その課題解決に向けてさまざまな方策が講じられている。

　筆者が室長として本校へ着任した前年(平成29年)の平城共同事務室(当時)評価、及び平城共同事務室運営委員会(愛南町教育委員会要綱で定められた運営組織。現在は教育委員会規則で設置が規定されている)の記録には課題が2点記述されていた。それは、学校徴収金事務と中学校の体育大会引率関係事務についてであった。どちらも本事務室の構成校に対す

る支援の改善を求めるものであった。他の事務室でも同様の要望があった
ことから、筆者が所属する町内の三共同学校事務室の室長会では、地域長
のリーダーシップの下、地域内学校の事務負担を軽減し、教員の子どもと
向き合う時間を確保するため、これら二つの課題に連携して取り組むこと
となった。

　筆者はこれらを行うにあたり、本事務室の運営に改善の必要性を感じ
た。室員は、任された職務に真摯に取り組み、既に構成校からの信頼は厚
かったが、近隣小規模校の閉校に伴う統廃合事務や西日本豪雨災害への対
応などが重なり、超過勤務時間が増加傾向にあった。

　本事務室が新たな取組に着手するためには、通常業務に必要な時間を短
縮するか、又は業務自体の削減を図るなど、何らかの手だてが必要であっ
た。しかし、教職員の働き方改革において超過勤務時間の縮減のみを追求
することは、かえって室員のストレスとなる危険がある。通常業務は、校
務支援システムの導入などにより既に一定の効率化がなされており、時間
の短縮や業務の削減は現実的に困難であった。そこで筆者は、室員の職務
に対する達成感や効力感を高め、同僚性や信頼関係構築による本事務室の
組織力向上を目標に、次の取組を開始した。前述の地域課題解決を円滑に
行う土台として、よりよい事務室文化が醸成されれば、室員に心理的ゆと
りが生まれ、より構成校の教育活動に貢献しようとする共同学校事務室と
なるのではないか、と考えたからである。

プロジェクトの取組
(1)共同学校事務室の協働的文化の醸成

　新たな業務に着手するための本事務室運営の改善方策として、次の三つ
の取組を行った。

　第一に、本事務室内の対話促進（事務室の環境改善）である。筆者は、
意識して休憩中に雑談を含めたコミュニケーションを図った。話題はさま
ざまであるが、業務以外にもプライベートに気を配りながら休日の出来事
や趣味などについて語る中で、互いの理解が促進されるよう努めた。また
地域長による面談結果などを利用して、仕事上の悩みや今後のキャリアプ
ラン等について対話を行った。室内に和やかな雰囲気を作るとともに、室

員の考えや仕事上の困り感を言葉にして引き出したいとの思いからである。また、時にインフォーマルなコミュニケーションは、新しいアイデアの共有をもたらし、業務効率の向上という側面からも有効ではないかと考えた。

第二に、経験や個性を重視した業務分担の見直し（事務室体制の改善）である。ほとんどの事務職員は、それぞれに得意・不得意分野があると思われる。法令に明るい者もいればデータ処理が得意な者、外部機関との調整・交渉が得意な者もいるであろう。室内の事務分担が職務分担制であることを前提に、それぞれの資質・能力が発揮できるよう、個性を考慮した事務分担とした。

第三に、共同実施の目的や価値の共有と勇気づけ（室員の意識改革と支援）である。筆者は、年度始めに共同学校事務室経営案を作成し室内で配布、共有している。しかし室員が、構成校の学校教育目標を念頭に、担当業務と教育活動の関係性や、その価値を意識しながら、日々の業務に取り組むことは難しいと言える。集中配置型共同実施では、室員全員が、常時共同学校事務室で執務する。そのため、意思を持って構成校の子どもたちと関わり、つながりを認識する機会が不足すれば、事務処理精度を追求することのみが目的となり、「事務のための共同実施」（藤原、2008）組織になることが危惧される。そのため筆者は、構成校の学校行事に室員を参加させたり、研究授業を参観したりする機会を設定し、備品の活用状況の観察などを通して、事務職員の職務と教育活動の関連を意識させるよう努めた。同時に、共同実施の目的や、今後事務職員として求められる姿などについての声がけや情報提供を行った。また勇気づけの言葉は重要であると考え、励ましや労いの気持ちを意識して伝えるようにした。

(2)教員の業務改善と事務負担軽減を目指した取組

平成31年４月、三共同学校事務室は、構成校へ対して二つの取組を開始した。

一つ目は、学校徴収金業務支援の標準化である。まず、Ａ共同学校事務室のＢ室長が、三共同学校事務室の各構成校に対する支援状況と口座振替不能者数の把握を行った。それを基にした室長会での協議の結果、当年度の取組は、各共同学校事務室の拠点校である三校に対して行うこととなっ

た。室長会では、「一度に全ての構成校を支援することは難しい」と判断したためである。具体的には、一斉口座振替不能者一覧表の作成、該当者への連絡文書作成と出力、現金受領及び受領時の徴収金システム入力と領収書の発行、現金の入金と各口座への振り分け、教材業者への支払業務とした。

　二つ目は、中学校の体育大会等選手派遣関連事務の支援である。既存の連携組織（業務担当者会）を活用し、これまでの支援状況とその課題を抽出した。協議の結果、選手派遣時の交通手段の確保、運転手の手配、大会前後に愛南町教育委員会へ行う補助金関係事務について支援することとした。

プロジェクトの成果

　取組の成果と課題を明らかにするため、本事務室の室員及び異動者へ意識調査を行った。3名の室員は4つの選択肢（そう思う、だいたいそう思う、あまり思わない、思わない）から選択し、異動者は記述による意見収集とした。

　アンケート項目のうち、事務室の環境改善に関する項目①「コミュニケーションが図れ、明るく働きやすい雰囲気か」では、室員3名が「そう思う」、異動者は「気兼ねなく話ができ笑いが絶えず、相談しやすかった」「よい雰囲気だったからか、先生方の来室が多かった」との回答を得た。また、事務室体制の改善に関する項目③「スキルや個性、経験に配慮された業務分担は、事務室全体の成果につながっていると思うか」では、2名が「そう思う」、1名が「だいたいそう思う」、異動者は「得意分野を生かし構成校へ貢献できた」などと回答した。さらに、意識改革に関する項目⑥「共同実施の目的や共同学校事務室の目標を理解していると思うか」では、3名が「だいたいそう思う」との回答であった。

　この結果は実際に室員の行動変容にも表れている。例えば、予算上の理由から、ある構成校で駐車場のライン塗装を行ったことがあった。通常は業者へ依頼するが、室員が自分たちでできないか、と提案した。さらに構成校の施設は老朽化が進行していることから、他校でも同じ状況があると予測し、定例訪問時に現状確認した数校で、該当校長の許可を得て同様に

塗装を行った。一方では、財務事務の負担軽減が必要との発案があった。校外学習事業事務において、構成校の業務を削減するとともに手順を明確化し、財務研修により手順を共有した。また、構成校の体験入学時の保護者説明会では、人材育成の観点から、若年事務職員による学校徴収金や就学援助制度の説明を企画し実施した。このように小さな取組ではあるが、室員の発案による新たな挑戦が始まっている。

　これらから、本事務室では室員間の信頼関係が構築され、風通しの良い事務室（対話の土壌）、それぞれの利点を生かして構成校の教育活動に貢献する事務室（多様性と貢献）、経験を生かし新たな取組に挑戦する事務室（安心と挑戦）という文化が定着しつつある。一方で、前述の意識調査からは室員の明確な負担感の軽減には至っていないことが判明した。しかし、室員の職階に応じた職務・職責に対する負担感は、職務に対する前向きな姿勢や責任感の発露とも考えられる。これらのことは、室長として今後も注意深く観察しなければならない課題であると捉えている。

　平成31年度に行った地域課題解決のための二つの取組について、約一年間の実践の後、「業務改善アンケート」を町内の学校へ実施した。その結果、徴収金振替不能者への督促業務経験者のうち、75％の教員が負担は軽減（かなり、多少）されたと回答し、体育大会等選手派遣関連業務の経験者のうち、補助金手続については92％、交通手段手配については80％が負担軽減されたとの良好な回答を得た。

おわりに

　教員の業務負担軽減という側面から事務職員の活用や共同学校事務室機能の強化が求められている。同時に、室長の立場からは、室員の長時間勤務や過度な業務負担への配慮も必要である。教員から業務をシフトするだけでなく、業務の縮減とプロセスの効率化を図り、ゆとりとやりがいを持って学校運営に参画する共同学校事務室が理想である。

　事務職員の負担感に関しては、所属校において良好な同僚関係を構築している事務職員ほど負担感が小さいという報告（神林、2019）もある。今回筆者が本事務室で行った取組と教員の事務負担軽減に明らかな因果関係はない。しかし、事務室の組織力向上と室員の心理的側面への配慮、ワー

ク・ライフ・バランスの実現は、室員の職務パフォーマンスと無関係では
ないと言えよう。安定的な事務室運営をとおして、学校の業務改善に貢献
し、子どもたちの豊かな育ちを支える共同学校事務室でありたい。

（吉村由巳）

✏ 報告当日の受講生によるフィードバック

💬 齊藤智子さんからのフィードバック

　昨年度から京都市の共同実施組織である学校間連携のブロックリー
ダーをしています。京都市では、本来ブロックリーダーを務める学校運
営主査級の事務職員がブロックの数に比して不足しており、主査不在の
ブロックでは、ブロック内で補職名が高い者がリーダーとなります。そ
のような中で、私を含め、事務職員としての経験年数が浅い者がリー
ダーとなり、時に四苦八苦しているのが現状です。ブロックの構成校
（園）の取組と課題を知り、ブロックとしての方針を示しメンバーを動か
すということは、本当に難しいと感じています。

　吉村さんが取り組んだ事務室運営の工夫、室員との対話と観察、声が
けは、自分はあまりできていないと感じたので、来年以降機会があれば
意識して取り組み、運営の助けにしたいと思います。

💬 松下健太郎さんからのフィードバック

　本校は3名の事務職員が在籍しており、私も含めて経験が浅いメン
バーばかりです。それぞれの担当業務の進捗状況や課題が分かるように
情報共有はこまめにしていますが、どこか受け身の姿勢で仕事をしてい
るのが気になっていました。

　今回の報告を聞いて、よりよい組織運営をしていくためには、学校の
教育目標達成のための事務職員組織としての理念・ビジョンを共有する
ことが大事だと感じました。また、そのためにもメンバーとの対話、励
ましや勇気づけなどにより、経験の浅い事務職員でも学校のためにこれ
ができた、と明確な成果が実感でき、それぞれがやりがいや充実感を
もって仕事に取り組めるように心がけていきたいと思いました。

3 コロナ下における事務グループの挑戦
～ICTを活用した経験学習の促進と人材育成～

はじめに

　2020年2月27日、安倍前首相より一斉休校の要請が出され、ほぼ全国一斉に学校は臨時休校となった。年度末が近いこともあり、卒業式をはじめとする行事、終えていない教育課程を前に教職員や保護者は混乱した。新年度も臨時休校が再度実施され、日本中が未曽有の事態になった。学校では無事再開できるのか、子どもの安全を確保できるのか心配する一方で、事務グループ（共同実施組織）は、今までどおり活動を進めていくことができるよう対策を講じる必要に迫られた。

　今年度、勝浦郡事務グループ（5校で構成）は新規採用者を迎え、主事2名（新任・2年目）、主任主事（9月に育休復帰14年目、前任者は臨時的任用職員）、勝浦町立横瀬小学校（村井徹志校長）に勤める主査兼事務長（サブリーダー、30年目）、勝浦町立生比奈小学校（粂村洋子校長）に勤める事務室長（リーダー、40年目）1名ずつの計5名でスタートした。任命権者による教員研修が中止され、新任事務職員研修も例外ではなく、5月中旬、総合教育センター事務職員研修担当から資料提供とともに研修の依頼がリーダーにあった。事務グループは、学校再開に向けての準備等、さまざまな対応に追われつつも、いかに効果的にグループ員の負担を軽減しながら新任者を育成していくのかが課題だった。

　また、これまでの研究によれば、学校事務職員の成長の基盤は、学校事務職員としての「誇り」と日々の業務の中で挑戦し、内省することによって得た教訓を生かし再挑戦するという「経験学習」（藤原、2020）であることが明らかにされている。職場である学校こそが、学び・成長する場であるのだ。

　確かに、職場で仕事をしながら成長するのが理想である。しかし、ほとんどが単数配置である学校事務職員は、他の学校事務職員から刺激を受けたり、挑戦を促されたりする機会に乏しいため、一人で挑戦し学び続けることは難しい。また、各学校で力を発揮し、教育の質の向上に貢献するためには教育委員会や教職員の理解が不可欠だ。コロナ禍のもと、学校事務職員が孤立しがちな状況で、どのような仕組みを導入すれば互いに刺激を

与え合いながら挑戦し、学び続け、教育の資質向上につなげることができるのだろうか。

　そこで、勝浦郡事務グループはICTを活用し、経験学習を促進するとともに、学校事務に対する教育委員会や教職員の理解を深め、質の高い教育実現に貢献することをねらいとして次のように取り組んだ。①オンライン研修、②協働的な目標管理シートの活用、③協働的な財務分析、④プレゼン資料の共有による財務研修の実施などである。以下では、その取組の概要と成果、得られた教訓について示したい。

学校の課題に一歩踏み込む事務グループプロジェクト

　例年、事務グループ経営案をもとに職務を遂行し、学校教育に貢献してきたが、グループ員の中には「事務職員連携のみで完結していたように感じている」という評価もあった。実務中心の活動内容では、学校教育にどのような影響を与えているのか分かりにくいため、事務グループ経営目標の「子どもの健やかな成長」が実感しにくい。また、事務グループは管理職や教育委員会と関連性が深いにもかかわらず、三者の協議会は勝浦郡では設定されていない。しかし毎年、徳島県教育委員会から発出されている通知には、「『チーム学校』を円滑に実施するための機能強化支援策として徳島県の事務グループ制を継続する」とあり、事務グループの果たす役割は、事務グループの成果だけでなく、学校としての成果（つまり子どもへの還元）を出すことが求められている。そこで今回、学校や子どもの姿を感じることができるようチーム学校を意識した事務グループ経営案のもと、以下のように取り組んだ。

(1)人材育成に一歩踏み込む挑戦

ア　オンライン講師招聘

　任命権者による教職員研修は相次いで中止となり、新任事務職員や臨時的任用事務職員の孤立が懸念され、メンタル面においても早急な対応が必須であった。そこでZoomの活用を試みた。まず横瀬小学校のZoomを活用した取組や使用方法について情報共有した後、オンラインのすばらしさを体験するためにサプライズで国立教育政策研究所・藤原文雄氏に新任研修講師を依頼した。藤原氏は事務グループ活動の様子をWebカメラで参観

後、初任の頃は「事務職員らしさ」を育むことが重要であることや自分の
キャリアデザインを描き成長すること、学校事務職員のハイパフォーマー
であるための条件など示唆した。この研修は新任者だけでなく、リーダー
等にとっても刺激を受ける内容であった。このようにコロナ禍においてオ
ンライン研修ができたことは、学校現場にICTを広め、「働き方」を革新す
るという意味でチャンスだった。

イ　オンラインによる自己研鑽【個別型学習】

　このような経緯で、藤原氏がかねてから開発中であった「スクールビジ
ネスリーダーシップ基礎研修」をオンラインで試行する提案があり、我々
は、校長や教頭、教員とともに参加した。学校組織マネジメントや分散型
リーダーシップ、そしてウェルビーイング（子どもの幸せ）についての講義
を受講し、リフレクションを行った。ICTを活用した研修は、遠隔地の受
講生同士をつなぐことで、コロナ下における不安を低減させ、学校事務職
員としての誇りを高めた。そして、ICTを活用した事務グループの経験学
習をイメージすることができた。

ウ　「目標管理シート」の活用【プロジェクト型学習】

　初任者には「学校事務職員の心構え」や「求められる資質・能力」、「学
校組織から期待されていること」、また「何を目標として職務を遂行してい
くのか」など導く機会が必要だった。そこで、メンバー了承のもと、目標
管理シートを各自持ち寄り、今年の目標や方策を紹介し、共有した。学校
教育目標を達成するために各自が計画していた目標と方策は、「学校事
務・教育支援・学校運営」の三つの観点で、それぞれのキャリアステージ
に応じた内容だった。初任者二人は我々の計画した目標と方策を聞き、「他
の事務職員がどのようなことを考えて仕事を進めているのか」を具体的に
理解できたようだ。加えて、我々はメンバーが挑戦したい職務内容を事務
グループの目標と絡めつつ、プロジェクトを考え、計画を立てた。

(2)学校のお財布事情に一歩踏み込む挑戦【協働型学習】

ア　保護者負担金と公費の把握と整理

　これまでも事務グループでは、各校の保護者負担金について把握し、公
費と私費の判断が町内で統一できているかなど確認を行い、整合性や保護
者の負担軽減などを念頭に置いて予算執行を行ってきた。しかし、保護者

負担金の取り扱いについては、事務グループ内での統一した口座振替システムの構築や規程策定まで至っておらず、コンプライアンスに対する事務職員の意識もばらつきがあることが課題であった。理由は、校区内に金融機関があまりないこと、未納者対応の不安、教員の集金事務に対する負担感があまりないことなどである。事務職員は課題意識がありつつも、教員との意識の差が一歩踏み込めない原因だった。今回はグループ内の好事例を参考に、事務職員同士で財務研修を実施し、財務の取り扱いについて共通認識を図った。次に全員で各校の公費の使途について分析し、学校教育目標と予算の関連性を可視化した。同じく保護者負担金についても学年ごとに集計し、就学援助費との比較などを明確にした。5校を比較することでその要因や背景を探り、他校との違いで見えてくる学校の課題を共有した。

イ 「財務研修」講師の経験【協働型・プロジェクト型学習】

　先に述べた取組を事務グループで共有するだけでは事務職員のみの「自己完結型」で終わり、発展性がない。他の教職員と共有することで、学校教育に生かされていく。そこでアウトプットする機会として無理のない範囲で事務職員が「教職員向け財務研修」を各校で提案し、校内研修講師として挑戦した。横瀬小学校が先行し、事務グループで実践した財務分析を含めコンプライアンスの強化とSDGsをコンセプトとしてプレゼンを行った。他校もそのプレゼン資料を活用し、自校の課題を付け加えて説明した。同じプレゼン資料を活用する目的は、事務グループ経営案の具体的な取組である「学校経営・教育活動への支援」、「正確・効率的・標準的・均質な事務の提供」と「事務職員の資質向上・人材育成」にも合致している。しかし、初任者にとってはハードルが高いため、管理職に報告するなどに変更し、キャリアステージを考慮した。

プロジェクトの成果と検証

　昨年度とは異なり、管理職のみが関与していた「目標管理シート」と各校長に委ねられていた「保護者負担金」と「公費」という分野を、事務グループとして共有したこの取組は、一歩踏み込んだ挑戦だった。この挑戦を経験学習とするべく実施後は、Googleクラスルームでリフレクションを

行い検証し、意見を述べ合った。さらに一年間の事務グループ活動を振り返るアンケートで「誇りは高まったか」「心細さはなくなったか」「教育の質を高めることができると実感したか」という質問に対してグループ員は、すべて「少し思う」「そう思う」「強くそう思う」のいずれかを選んだ。「来年度はこの経験を活かして頑張りたい」「コロナ禍ということで、一年目だった昨年とは全く違う一年となった。たった一年でこんなにもグループ活動の方法が変わるのだと感じた。大変なこともあったが若手に対するフォローが手厚くなり感謝の一年だった」「社会の変化に合わせて、自分もより成長していきたい」という感想もあり、仕事に関する意欲や経験学習について一定の効果が感じられた。

　また財務研修に参加した教員からは「事務グループでどう考え、どう進めようとしているかを知る機会になった」「教員や事務職員、栄養職員、養護教諭等のそれぞれの立場から専門性を生かし、研修を進めることによって、チーム学校を推進できると思った」「すべての教職員が知っておくべきだし、よりよい予算の使い方を考えていかねばならないと気づかされた。研修はありがたかった」などの感想が寄せられた。このことがきっかけで、事務職員は交流・承認機会を得て、コミットメント（責任感）や誇りを醸成した。さらに教員には、事務職員に対するまなざしや気持ちの変化が表れるとともに財務に関する課題を共に考える姿勢が見られてきた。研修後、ある学校では、他校を参考にしながら教育活動の予算執行を見直したり、口座振替の取扱金融機関の選択肢を増やしたり、学校間連携を通じて財務に関する見直しが進められている。

おわりに

　振り返ると今回の挑戦は「一歩踏み込む」と「経験学習」「ICT」がキーワードだった。事務職員同士が一歩踏み込んだことで、互いの状況を理解し、学校や児童生徒のことを真剣に考え向き合った。この取組は、個別型学習（自己研鑽）、協働型学習（財務分析）、プロジェクト型学習（目標管理シート・校内研修講師）の三つの学びを融合させ、リフレクション学習を行い「経験学習」の場として事務グループを位置付けた。それに加え、目標管理シートを用いることでともにビジョンを共有し、「学校の教育目

標＝個人の目標＝事務グループ目標＝キャリアステージ」を連携させたことで、より具体的に学校の課題解決に近づき、教職員から受け入れられた。互いに助け合い、挑戦と学びを支援し合う事務グループの力は極めて大きい。今後、この手法は共同実施組織のモデルとなるのではないだろうか。すべての学校事務職員がこうした環境を享受できるよう、共同学校事務室の制度化が実施され、学校事務に対する教育委員会や校長の理解と支援を高める契機になることを期待したい。　　　　　　（豊岡明子、谷　明美）

✏ 報告当日の受講生によるフィードバック

🗨 吉岡未来さんからのフィードバック

　今年度はコロナ禍による研修等の中止もあり、オンライン会議に取り組んだとのことでしたが、それを抜きにしても、これからの事務グループ運営の好事例になる取組だと感じました。

　少子化などにより学校の統廃合が進む中で、学校間の距離が遠く、グループ会に集まるだけでも大変という地域がこの先もっと増えていくことが予想されます。オンラインによる研修ならその問題が解決できるのではと思いました。

　基本的に皆同じ業務をしているのに、他の人がどのように仕事を進めているのかを知る機会が少ないので、目標管理や財務管理について共通認識を持ってできるのはありがたいです。

🗨 受講生からのフィードバック

　価値ある素晴らしい報告でした。自分のできることをやっていくということを考えると、今私にできることは、学校での困り事を集めること、それが自分ができることかできないことか選別すること、できることは取り組む、できないことは他の人につなげる、ということかなと思いました。

4 市全体で取り組む課題の解決に向けた高松市学校事務支援室の取組

はじめに

　平成27年度、保護者から集める、いわゆる私費での会計事故による職員の処分が相次いで起こった。公費は会計規則等で明確に定められているのに、私費については各学校で適正に取り扱うこととされているのみである。適正な取り扱いかどうか誰が判断するのかが明記されていないことも課題として指摘される。また、学校会計事故を担当者個人の問題として処理するのではなく、再発防止策を市として共通に策定することが求められる。

　中核市である高松市は、毎会計年度、特定のテーマについて公認会計士等の外部監査人による包括外部監査が実施される。平成30年度には、抽出小・中学校6校で、公費私費の会計全般について実地調査が行われた。この監査は、高松市教育振興基本計画の基本理念「確かな学力と豊かな心をはぐくみ夢にむかってたくましく生きる人づくり」をもとに、その実現に必要な施策事業での財務事務が、効果的かつ効率的に実施されているかを監査、検証するものである。監査結果は、著しく問題となる「指摘」事項は少なかったものの、問題があるものとしての「意見」が多く付され、市としての改善が求められることとなった。

　一方で、平成12年度より始まっている共同実施グループの取組は相変わらず県費関係書類審査が中心のままの状態が続いていた。グループリーダー（以下、GL）の中には、財務をはじめとする学校の困りごとを解決する組織へ転換する必要があるのではないかと問題提起する者もいた。その解決への一歩として、平成30年度には、研究団体の研修会（以下、事務研）において今後の共同実施組織や体制のあり方について意見を出し合った。さらに筆者は、担当校長とGLと共に、体制の異なる先進的な取組を行っている三市（高知県高知市、愛知県豊橋市、稲沢市）を訪問した。その訪問では高松市のグループ経営にはない視点に気づきを得た。高知市は、事務職員の各校配置を前提にしたうえで、加配事務職員5名を集中配置し、学校事務の効率化や課題解決の迅速化を図っていた。他の2市は、共同実施組織が財務分野について、市教育委員会や校長会と連携して積極的に取り

組んでいた。そしてこれらの気づき等を高松市教育委員会（以下、市教委）へ報告するとともに、共同実施グループでも試行することとなった。

　そして、市教委は令和元年度に、学校の通常業務とは切り離し、高松市全体で取り組む案件について共同実施組織等と連携した支援を行うとともに、関係機関との調整窓口となり、学校事務に関する課題の解決を図ることを目的として、高松市立花園小学校（金崎美穂校長）に、高松市学校事務支援室（以下、支援室）を試行設置した。筆者は、もう一人の事務職員（主任・経験年数29年）と共に支援室へ異動となった。そこでは、日常業務のない環境を生かし、これまで着手できなかった学校の困りごとを解決すると同時に、点在する学校事務の課題と関係機関をつなぎ、解決に向かえる体制づくりを目指すこととした。今回は、関係機関各課との関係を構築し、解決に結びつける取組を行った。

プロジェクトの取組
(1)支援室の構築

　支援室に異動といっても、執務室が用意されているわけではない。平成31年4月は、市教委の担当指導主事と共に、異動先の学校で部屋を確保し、備品等を調達するなどの環境整備を行った。執務室整備後は、配置形態が同様の高知市教育委員会学校事務企画調整室の取組を参考に、暫定的な支援室のビジョンやコンセプトを考えた。そして、学校事務の現状を整理し、市全体で取り組むほうが効果的なものを洗い出して具体的な取組を立案した。

(2)支援室の取組

ア　包括外部監査での指摘事項等に関する関係機関各課との連携による対応

　平成30年度に実施された包括外部監査での指摘事項等について、それらの現状や原因を分析し、解決策の案をもって、関係機関各課（市教委総務課・学校教育課・福祉事務所）へ情報提供に回った。その時に分かったことは、関係機関各課の担当者も、学校の現状や学校にとって効率的な方法などを事前に相談したいと思っても、どこの誰にすればよいのか分からずに困っていたということだった。これをきっかけに、日常的な事務処理上

の問題点や改善案についてお互いに協議、調整しながら、タイムリーに進めることができるようになった。その結果、さまざまな改善が進んだ。

イ　超過勤務事務にかかる管理職・学校事務職員の共通理解促進

　平成30年度より学校における働き方改革推進に向けた取組が始まった。なかでも勤務時間の適正管理においては、事務・栄養職員の場合、36協定を含む超過勤務との関係に特に留意する必要性が指摘されはじめた。管理職の中でも超過勤務制度がある事務局等への勤務経験者でなければ、超過勤務制度について理解することが難しいという現状があげられる。また、事務職員の中には、命令がなくても時間外在校の場合は手当を支給しようとしていた例もあった。このように校長と事務職員の認識のずれは大きく、GLは対応に苦慮していた。そこで、筆者は、超過勤務命令にあたっての考え方や適正な手当支給等について、共同実施グループリーダー会（以下、GL会）と共に問題点を整理した。それをもとに、校長会と県教育委員会東部教育事務所と連携し、現状や課題について共通理解を図った。その際、労働法制上の疑問点等は、香川労働局にも確認し、情報提供を行った。これ以降、各校では、校長と事務職員が超過勤務を行うにあたって、業務の進捗状況等について話す機会が増えたと聞いている。このことは、職への理解促進や職員が安心して働ける環境の素地が整えられたと考える。

ウ　新規採用事務職員の支援

　令和2年3月、同一共同実施グループ内の単数配置校2校に、それぞれ新規採用事務職員（以下、新採者）が配置となる内示があった。同時に、令和2年度からは会計年度任用職員制度の新設、臨時的任用職員制度の変更、それらに伴う手続も大きく変更となった。これまでは共同実施グループだけが新採者個人を支援するという形が多い。しかし、さまざまな任用形態の職員が配置されている新採者配置の小規模校においては、勤務時間の割り振り等、管理職との一層の連携なくして、円滑な支援は難しい状況である。これらの状況を踏まえ、筆者は、退職事務職員活用事業（以下、学びの支援隊）の活用と、令和2年3月末に学校長、GL、支援室、学びの支援隊の四者での支援打ち合わせ会実施を提案した。打ち合わせ会では、校長の新採者に対する思いや期待も共有することができた。筆者は、4月1日から1週間、毎日訪問し、新採者と新採教頭の支援を行った。日々の

支援内容と課題については、GL、学びの支援隊とも共有し、誰でもが対応できるようにした。4月は校長より直接、出張命令をはじめとする勤務態様や会計の適正な処理方法等さまざまな相談があった。その解決策についてはGLとも協議しながら進めた。校長からは「相談窓口がはっきりしたので対応がスムーズにできて助かった」、GLや学びの支援隊からは、「懸案事項について、管理職と直接協議でき、速やかに解決できた」、支援光景を見ていた生徒指導主事からは「聞こえてくるやりとりが他の教員にも好影響を与えている」という声があった。このことは、多様な人々をつないで支援する体制ができたと考える。

エ　修学旅行の計画変更に伴う各種事務処理の情報提供

令和2年3月からの臨時休校をはじめ、コロナ禍の中では、修学旅行の計画も、県外泊付きから県内日帰りへ変更せざるを得ない状況となった。校長は、保護者に責があるわけではないキャンセル料、要保護・準要保護などを含めた児童生徒の旅行代金、GoToトラベルの取り扱い等に頭を悩ませていた。支援室には、校長会長からも適切な対応についての相談があった。

一方、事務職員は教員のキャンセル料や旅費の処理方法を重要視していた。それは、高松市の事務職員が児童生徒に関する就学援助や学校徴収金等を担当している割合が少ないことも一因であると考えられる。そこで筆者は、修学旅行計画変更に伴う児童生徒及び教員に関する各種事務処理のポイントを資料にまとめ、校長と事務職員に配付した。その一方で実際には、配付資料を待たず、その学校の事務職員がいち早く察知し、資料と同様のことを校長に提案していた学校もあった。今回は、短期間で対応する必要があったため、支援室が資料を作成し、提供した。しかし、「本来ならば前出の事務職員がその情報を共同実施グループに広げ、共同実施組織として対応が可能だったのではないか」というGLの意見もあった。

プロジェクトの成果

学校事務の機能強化を図るための支援室の取組の成果について、GL全員に対して記述式アンケートを行った。結果では、「学校単独での解決や通常業務をしながらでは難しい課題の解決が進んだ」「コロナ禍において早

急な対応が必要な課題への迅速かつ的確な情報提供により、学校現場の業務改善にもなっている」と回答したGLがほとんどであった。一方で「現場で起こる問題の収集や問題点の分析等の初動活動は共同実施組織が行うべきでないか」という意見もあった。問題によっては支援室が迅速な対応をすることで、GLや各校事務職員の主体性が損なわれ、それが共同実施組織力の低下を招く可能性があることが課題として考えられる。

　また、関係機関の担当者からは、学校の状況や課題についても分かりやすく、改善案等についても双方の視点で検討、提案されているので、前向きに考えようという気になるという意見ももらった。

　これらのことから、支援室は各校の困りごとを集約整理し、課題ごとに関係機関各課とつなげて解決に結びつけられたと言える。これは、各校におけるさまざまな学校事務の問題を市内共通課題として整理し、それを途切れることなく円滑に各種関係機関へつなげて解決を図るというプラットフォーム機能の役割を形成しつつあると考えられる。

おわりに

　近年、市内共通の課題を解決するために関係している機関が、ますます多くなっている。そのため高松市の規模では、学校と関係機関の中間に位置する相談窓口の設置が、これまで踏み出せなかった問題解決に向けて進めるためのツールとして有効であると言える。また、その窓口が学校の通常業務と切り離した専任という環境であることで、スピード感をもった対応を可能にしている。このような組織の有効性については高知市教育委員会の実践研究報告（令和2年8月）でも言及されている。しかし一方で、市内共通の課題といっても最終的には各学校が主体的に取り組まなければならない。支援室は、各学校や学校を支える共同実施組織の主体性、自律性も高めながら、市全体として取組を進めるために、プラットフォーム機能をもった組織として確立する必要もある。

　関係機関と関係を構築し、解決を図るためには、相手のためにできることを複数眼で考え、提案を仕掛けることではないか。この挑戦は解決への突破口になると確信している。

（梶野敬子）

🖊 報告当日の受講生によるフィードバック

💬 船橋武士さんからのフィードバック

　反省として「それぞれの甘え」につながるということを挙げていましたが、それは本当に悪いことなのでしょうか。公立学校で働いているので最低限統一されておくべきことについては、統一されて提供できるようにすることは良いことのような気がします。牛丼のチェーン店のようなイメージです。

　個人の経験年数ややる気に左右されず、最低限統一されるべきことについては支援室からの発信で「どこでも誰でもこれを見れば同じものを提供できる」という状態が好ましいかなと。そして、それ以外のところで個人の能力や成長を促せば良いのではないかと思いました。牛丼で言うとトッピングやサイドメニューは店舗の独自性があっても良いのかもしれません。「統一されるべきことと、統一しなくて良いこと」の線引きと舵取りだけしっかりしておけば、僕なら甘えずに頑張ろうとするだろうなと想像しました。

💬 吉村由巳さんからのフィードバック

　大きな問題を経て支援室制度開始の混沌とした中、先進地視察や監査結果での課題の洗出し・分析などを緻密に行っていました。このような積み重ねの成果を各機関と共有し、根拠となる資料を示したことでその後の協働や動きが円滑に進んだのではないかと考えました。また共同実施GLと教育委員会の間でハブ的な役割を担い、さらに実績を出すことを求められていたとのことを考えると大変な負担があったのではと推察します。評価の中で学校での問題の初動は共同実施組織が行うほうがよいのではという意見もあったとのこと、確かにそうかもしれません。しかし、これは梶野さんたちが支援室として活動したからこそ表れた課題であり、支援室の設置がなければ認識されないままだったのかもしれないと考えると、それ自体が成果と言えます。今後は、学校や各共同実施組織の現状を把握したうえで、教育委員会との間でハブとしての役割が定着していくことを期待します。

はじめに

　筆者が平成27年度に勤務していた岡山県西粟倉村では、その前年度に「西粟倉村教育振興基本計画」が策定され、家庭、学校園、地域、村が連携し「人づくり＝教育の推進」に取り組んでおり、「少人数だからこそできる学校園の連携」を進めている。西粟倉村内には西粟倉村立西粟倉小学校（岸本一二三校長）１校、西粟倉村立西粟倉中学校（芦谷武司校長）１校を設置しており、各校１名の事務職員が配置されている。

　筆者は中学校に勤務し、西粟倉村立小中学校事務共同実施の事務長であった。筆者は、２校の課題に当事者意識を持って取り組み、事務処理の効率化・統一化を図る共同実施を目指したいと考えていた。小学校に配置された事務職員（以下「Ａ事務主事」という）は新規採用者であった。筆者は、共同実施からの提案で業務改善を進めるには、ともに取り組むＡ事務主事の人材育成が急務と感じた。筆者は、Ａ事務主事が事務業務だけでなく、人間的にも成長することを目的に、企業等でも取り組まれている「メンタリング」を基にした人材育成を柱とし共同実施を運営することとした。

　岡山県では、新規採用事務職員研修講座は年間７回実施されている。「共同実施」に関しては主任級事務職員と合同で、「学校経営における事務職員の役割」等は主任級・主幹級事務職員と合同で行っている。さらに、岡山県北部地域の小中学校事務職員による研修組織において、採用４年目までの事務職員が所属する部会で研修を行っている。他にも、近隣の４自治体からなる地域の研修組織があり、年５回ほど研修が実施されている。教育委員会が主催する研修会も年間２回あり、幼稚園での保育実習および社会教育主催の児童を対象にした行事に参加をしている。このように、広く知識を得られる研修の機会は充実し、制度には恵まれている。

　また、事務業務に関するマニュアルも充実しており、新規採用者を対象としたものや、教育事務所が発行している月別に提出すべき書類を解説したもの、書類作成上の留意点を詳細に解説したものなどもある。福利関係はホームページも充実している。筆者は、定型業務や書類作成に関しては、

研修資料や参考資料の活用をＡ事務主事に勧めた。

　一方、筆者は学校固有の課題に気づいたり、子どもの成長に喜びを感じられたりするのは、勤務校や勤務地での直接的な人との関わりからであると考えた。Ａ事務主事が一年間のうちに定型的な事務処理を理解し的確に処理ができるようにすることと並行し、児童生徒の成長に他の職員や保護者、地域の方とともに関わっているという実感を持つことで、学校事務職員としての役割を自覚できるようにするため、筆者は次のことに取り組んだ。

①事務処理業務であってもその作業や対応が学校や教育活動にどう関わっていくのかという点について資料を作成する。

②Ａ事務職員が筆者以外の職員等から支援や評価を得られることや、筆者というモデルを通じて事務職員の役割を学ぶことを目的して、職員室で共同実施を行う。

③個々を尊重し合い、自己有用感を得られるような業務や役割の分担をする。

プロジェクトの概要
(1)業務に関する資料作成

　毎月２回（各３時間程度）実施される共同実施のうち１回は、主に事務業務の説明や課題解決のための話し合いの時間とした。筆者は、「きょうのキーワード」と題して、Ａ４・１枚に業務の内容をまとめ、根拠となる法や条例等を明記し、共同実施後にも確認できるようにした。業務を行う上での考え方や、保護者等への関わり方、留意点、取り組んでほしいことなど、口頭で伝えがちになる内容を明文化し、筆者の失敗談なども交えながら話し、印象づけるようにした。内容としては、「赴任旅費」などの定型的な業務や、「学校行事での関わり」なども取り上げた。

　この説明資料は、Ａ事務主事個人の考えではなく共同実施で確認した内容として、事務業務の根拠という意味でも活用できると考え、教頭にも配付した。

(2)職員室で行う共同実施

　小・中学校とも小規模校で事務室もなく、授業等で職員室が無人になる

ことも多いため、共同実施は日常の業務と平行して職員室内で行った。Ａ
事務主事の電話や来校者対応の様子なども確認したり、時には代わって
行ったりすることで、言葉では伝えにくい表情や声のトーンなども客観的
に捉えられる機会とした。

　また、学校事務の業務が事務職員のみで完結するものではなく、管理職
との協議や教職員への働きかけや協働が必要であることをＡ事務主事に体
感してもらうため、筆者は随時管理職に相談を持ち掛けたり、意見を求め
たり、時には教員との雑談を交えたりしながら共同実施を進めていった。
共同実施は事務職員のためのものではなく、子どもや、教職員、学校のた
めのものであり、誰もが気軽に相談や意見交換ができる場として存在でき
るよう努めた。

⑶役割を与え自己有用感を高める取組

　新規採用者とはいえ教えられるばかり、指示されるばかりではモチベー
ションが上がらない。筆者はＡ事務主事の得意とする分野で、これまでに
身につけた知識や技術を発揮する場面を作りたいと考えた。そのために
は、まずＡ事務主事を知るところから始める必要があった。課題解決に向
けて中心となって推進していき、自己有用感を持たせられるような役割や
取組を提案するため、Ａ事務主事自身の情報が必要だった。履歴データ作
成に同席し、入力作業をチェックしながら興味があることや得意分野など
をつかみ、話題として取り上げる中で理解を深めた。

　小・中学校で大きく異なっていた学校集金の取り扱いについて、要綱案
の作成に取り組んだ際には、Ａ事務主事の専門的な知識やこれまでの経験
が活かされた。

⑷企画会への参加要請

　筆者は、新規採用者だからこそ、学校の仕組みや１年間の流れを知るこ
とで、見通しを持って仕事に向かうことが大切だと考えた。校長の学校経
営方針が授業や行事などにどのように具現化されるのかを知ったり、１か
月、２か月先の予定をつかんだりするには、職員会議への参加だけでは十
分とは言えない。小学校では管理職と教務の三者で企画会を持っていた
が、筆者はＡ事務主事が企画会に参加することを事務職員育成の一環とと
らえ、Ａ事務主事を企画会に参加させていただくよう校長に依頼した。Ａ

事務主事には、学校の取組を知ることで、自分自身にできることや準備が必要なことを考えながら参加するよう伝え、企画会への参加が負担とならないようにした。

プロジェクトの成果

キャシー・クラム（2003）によるメンタリング行動の構成概念にそって、A事務主事にアンケートを行った。質問と回答は次の通りであった。

① 「共同実施に期待した支援は何か」に対し、「業務の手順を覚えること」と「学校事務職員としての心構えを身につけること」を挙げており、「早い段階から、事務職員の在り方を考えることができた」と回答している。

② 「企画会参加に意義を感じたか」に対し、「学校の方針や先生方の考えを知ることができた」とし、「どのようなサポートができるか考える機会を持てた」と回答している。

③ 「共同実施で取組のアイデアや参考になることがあったか」に対し、具体的な業務の取り組み方として、「文書を分類・保管することの重要性を理解した」ことを挙げている。自発的な取組として、「予算を教育活動に有効活用できるよう、教員の希望を随時記入できるシートの作成」を挙げている。

④ 「事務以外の校務を担うことに対してどのように考えていたか」に対しては、「学校内の全員が過ごしやすい環境を作るためには必要なこと」と、とらえていた。湯茶の準備、給食の配膳なども積極的に行った。「全職員の協力体制に感謝している」と回答している。

⑤ 「業務領域を広くとらえ、教育活動に関わることをどう考えていたか」に対し、「学校生活のさまざまな場に関わることで、事務職員の業務の重要性を感じた」としている。

⑥ 「共同実施で相互に仕事の仕方を見てどのような感想を持っているか」に対し、「当たり前のこと」と回答している。共同実施中であっても来客や電話の対応をまず優先し、学校に対し好印象を与える行動がとれていた。メンターの言動をモデルとし、自然に身につけていったと考えられる。

⑦ 「得意分野の知識を活かすことができたか」に対し、「大学での専攻や前

職での経験により、さまざまな制度を早く理解できた」とし、「学校集金取扱要綱案作成では、力になれた」と回答している。

⑧「共同実施や職場ではオープンな雰囲気を感じていたか」に対し、「普段から皆さんが優しく接してくださり、とても居心地の良い環境で、気軽に何でも話せた」としている。

⑨「メンターとの関係性は良好だったか」に対し、「楽しく共同実施ができた」「業務以外の事でも気軽に話せた」としている。

アンケートの回答から、Ａ事務主事は、早い段階で業務内容を理解し正確に事務処理を行おうとする意欲が見られるとともに、積極的に課題に取り組んでいたことが分かる。共同実施以外の場でも質問や書類の点検などを依頼するために出向くなど、行動面でも変化が見られた。また、他者からの支援を得て、高いモチベーションを持って日々の業務を遂行することができた。

管理職からは職員や子どもたち、保護者への対応も丁寧で、好感を持たれ信頼度も高いとの評価を得られた。

おわりに

新採用者であっても学校運営の基幹職員として企画会に参加したことで、事務職員としての役割について早い段階から考えることができた。管理職をはじめ教職員が事務職員の成長を願い、企画会参加の要請を快諾したからこそ実現できた。経験年数にとらわれることなく、事務職員を学校運営の基幹職員として企画会などの構成員とすることが可能であり、必要なことと言える。

岡山県では、多くの場合、業務を行う上でのモデルとなる事務職員が同僚にいない。研修会等での学びでは得られない仕事への取り組み方や、職員室内の雰囲気づくりなどを共同実施の中で相互に学び合う取組が必要だと考える。

筆者は、自己有用感を持つことは仕事を続ける上でとても重要だと考えている。共同実施組織内の事務職員がそれぞれ得意なこと、好きなことを活かせる共同実施であれば、お互いに学び合いながら業務を行うことができる。誰もが謙虚な姿勢で教えを乞い、感謝を伝えることで、信頼も深ま

り良好な関係性を築くことができる。

　今回は新規採用事務職員を対象としたメンターの立場でプロジェクトとしてまとめたが、筆者は、経験年数に関係なくすべての事務職員、共同実施に当てはまる取組だと考えている。共同実施を基盤として、学校運営への参画、得意分野の知識を活かした協働、一人一人が自己有用感を持つ組織となるべく、実態に合わせて創意工夫を凝らしていきたい。（神原千恵）

✎ 報告当日の受講生によるフィードバック

💬 吉見隆史さんからのフィードバック

　シンプルな目標設定は、妥当な評価を得られやすく、実践後の充実感を得られやすいのかもしれないと感じました。「キャシー・クラムによるメンタリング行動についての研究」を読むと、「キャリア的機能」の下位概念は、企業的な感じがしましたが、考えてみると、学校自体が社会から自立し、教職員の意識が変わっていく中でこのような考え方は必要になってくるのかもしれません。また、「心理・社会的機能」に書かれていたのは、私が考えている研修の内容と似ているように思われ、なじみのあるところです。

　メンターチームによる活動が自律的になるということにより、チーム効力感育成の場になるのかもしれません。荒っぽい言い方をすると、メンター制のシステムをプロジェクト学習の手法で運営していくと、メンターチームの活性化につながるのではないかと感じました。

💬 梶野敬子さんからのフィードバック

　共感できる、または自分と異なる視点だが理解できる点として、新採者自身や学校の状況（職員室の状況）、地域の状況等をまず見て、どのようなことに重点をおいて関わるかを考えて取り組んでいた点が挙げられます。私自身、近年PDCAサイクルに違和感があり、OODAループ（観察・仮説構築・意思決定・実行）という考え方にしっくりきていたので、とても腑に落ちました。今年度高松市でも2名の新採者が、一つの共同実施グループの小規模小・中学校それぞれに配置されました。特に4月の1か月は各学校も繁忙期ですので、グループリーダーだけの対応は困難を極め、学びの支援隊という退職OB活用事業や、学校事務支援室の私も関わって、半月程度は毎日半日の訪問をしました。今振り返ってみると、その時に心がけたことを一言で言うなら、皆さんのコメントにもあった、「適度な距離感」だったと思います。

6 教育委員会と連携、共同学校事務室を核にした学校事務改善〜事務職員のリソース・マネジメント機能を活かす事務長の役割と動き〜

はじめに

　美咲町は、岡山県北に位置し、人口1万4千人の町。町内の学校は8校（3中5小）、児童生徒数は約千人。美咲町の教育振興基本計画「まなびつながり　夢を育む　美咲の人づくり」を基本目標に掲げ地域に愛着と誇りをもち、自立して社会に貢献できる児童生徒の育成に力を入れている。中央中旭中学校区（2中3小）、柵原中学校区（1中2小）の二つの共同学校事務室を設置し、要綱を定めている。本稿は、美咲町共同学校事務室において、平成27年度から30年度の4年間、代表事務長を務めた大天（美咲町立加美小学校：景山智子校長）及び平成31年度から現在までの代表事務長を務める入澤（美咲町立旭中学校：小島亨校長）が共同で執筆する。

　平成27年度には、これからの学校教育を担う教職員やチームとしての学校の在り方について事務機能強化が全国的に話題となり、必要性を共同学校事務室でも認識しており、学校事務課題についての掘り起こしと改善の取組を進める気運が高まっていた。美咲町全体に関わる課題解決のため、具体的に教育委員会と協議する組織、手段、場が必要だと事務長として考えた。

　また、事務職員としての経験や共同学校事務室組織内で共有しているヒト・モノ・カネ・情報・時間・研修等のリソース情報を、各学校に生かし切れていない状況があった。学校運営の基幹組織である企画委員会等（以下、「企画委員会」という）に事務職員が参画していないことが原因なのではないかと事務長は考えた。経験年数にかかわらず、リソースをマネジメントする事務職員が参画し、学校長が行う学校経営の一助になることが重要であると位置付けた。

　共同学校事務室を校務分掌上に位置付けることで、次の3点が可能になり、学校貢献への自信とやりがい、力量を身につけることが大切なことであると、事務長として考えた。

　①各学校と共同学校事務室のつながりをつくることができる。②共同学校事務室で検討した各校の課題に対応した提案や資料の共有で、若手も参画しやすい体制を整えることができる。③学校に必要なリソースをマネジ

メントし、事務職員が経験年数に左右されない事務を担うことができる。

プロジェクトの実施

(1)組織設置・運営プロジェクト

　事務長が中心となり、町全体で学校事務改善の重点取組について方向性を整理した「美咲町の課題と取組の見える化【学校事務編】」をつくっていった（以下、「見える化表」という）。見える化表は、共同学校事務室で各校の事務職員が課題を出し合ったことがスタートだった。そこに、達成された姿やそれに向かっていくスケジュールを検討し、ひとつの表にまとめ、管理職や教員、子どもたちなどさまざまな人が抱える悩みや気づきを追記しながら、毎年見直しを行っている。見える化表に挙げた課題の解決策を実現するには、事務長が代表校長、教育委員会課長、課長代理、事務局担当者と具体的な情報を共有しながら協議を重ねる事務長会（以下「事務長会」という）という組織が必要だと考えた。

　この組織を提案するにあたり、共同学校事務室内で組織の必要性や位置付けなどを協議し、事務長所属校の校長や教育委員会にも相談しながら、役割や構成員、組織図、共同学校事務室や事務研修会等との関係図なども準備し、原案をまとめていった。平成28年2月、教育委員会の理解を得て、教育長、教育委員会事務局、代表校長、全事務職員からなる共同実施連絡会（以下「連絡会」という）の場で、事務長会が組織された。教育委員会で共同実施要綱の改訂も行われた。

　学校事務を改善するための見える化表を核にした学校事務改善計画は、事務長会で検討した後、連絡会で合意形成を図り、実行に移していく流れとなっている。

(2)学校運営参画プロジェクト

　事務職員が学校の企画委員会に参画することで、学校教育に対する当事者意識をもち、リソースマネジャーとしての成長の機会となると考えている。平成27年度から、共同実施開催時に組織内の校長と懇談の場を定期的にもち、学校の目指す姿や組織経営について事務職員全員で話を聞いてきた。また、勤務校の事務職員の自己目標シートを説明する時間も取っている。目標が達成された姿に近づくために、事務長から、つかさどる事務職

員として考えられる手だてを提案し、校長と意見交換を行っている。各校の校長と懇談を重ねる中で、校長は事務職員がリソースマネジャーとしての役割を担うことを理解し、すべての学校で事務職員が企画委員会に参画することとなった。

各学校で行われる毎月の職員会議要項に「事務部より」という項目を入れるよう企画委員会で事務職員から提案し、毎回事務職員からの発信が続けられるしくみを定着させていった。このしくみを活用して、事務職員が各学校の企画委員会や職員会議で、どのように提案していくのか、どんなタイミングで声かけをしているかを、毎月共同学校事務室で、要点をまとめて共有している。

(3)力量形成プロジェクト

美咲町には、経験年数が10年未満で勤務校数が少ない事務職員が半数近くいる。管理職からの指示による業務を行うだけでなく、これからの学校づくりに参画し、子どもたちや保護者、地域への思いをもちながら、学校教育目標の達成と課題解決のため具体的に行動できる事務職員になってほしいと事務長は考えた。そこで、経験年数の短い若手にも、積極的に取組を任せ切ることで、目標に近づくためのプロセスを考えながら行動できる事務職員になっていくと考えた。

力量形成プロジェクトの一例として、適正な保護者負担に関連する取組を紹介する。これは平成27年から現在も継続している取組であり、学校財務の観点で深化している。

副教材等の学級集金について、「学校・担任」で保護者負担の考え方に差異があること、公費私費負担区分が明確に示されていないこと、教員の事務負担感の大きさ等が事務職員、管理職を対象にした共同学校事務室が行ったアンケートで明らかになった。事務長会において改善案を共同学校事務室で提案できるよう、積極的に提案した。

保護者負担の公正な負担軽減、説明責任が果たせる適正な管理、事務負担軽減を目的とし、準備を始めた。29年4月改善開始を目標にスケジュールを立て、若手を中心に役割を決め、適正な管理や要綱を考えるグループ、各県の先行事例を調べ、使いやすいシステム構築を研究するグループの二つに分け、提案から意見収集、調整、定着まで責任を持って任せることで、

力量形成を図った。事務長は、それぞれの進捗状況を確認し、互いのアイデアを共有できるよう進めていった。

　各校で教職員全員が徴収金について深く考え、協議する時間を確保していただくよう管理職に依頼し、開催することができた。説明資料も共同学校事務室で準備した。最終的には教育委員会や代表校長に事務長と徴収金グループ代表が個々に改善方法について丁寧な説明し、学校徴収金取扱要綱案を完成させた。その後、教育委員会で承認された。平成29年度には要綱に沿って、副教材評価シートも取り入れた徴収金システムやマニュアル作成にも着手し、事務長所属校がモデル校となり、実際にシステムを稼働し、検証した後、提案通り導入された。スムーズなシステム移行のために教育委員会主催で各校代表教員を対象にした説明会の実施を企画提案し、開かれた。

プロジェクトの成果

①共同学校事務室に関しては、事務長会を立ち上げ運営することで、見える化表の目的に沿って重点課題を決め、実施することができた。また、岡山県の標準職務表に沿って、校務運営、総務・情報管理、財務管理、人事管理の４つのマネジメント領域ごとに各担当を割り振り、現状と課題の分析、取組のスタート時期や目指す姿に近づくプロセスを示し、共有した。また、年間約十件の課題に同時進行で取り組み、より効率的で継続的に改善を図ることができた。各担当の提案・分析を受けて見える化表をもとに見通しをもって事務長会が協力体制を整えることができると、教育委員会からも高評価を得ている。

②事務職員が企画委員会に参画することで、そこでの協議内容が、共同学校事務室でも話題に上ることが増えた。当事者意識を持って積極的に学校課題の改善に取り組む姿が見られるようになった。新採用、産育休代員配置が毎年のようにあるが、共同学校事務室で支援体制をつくり全員が企画委員として関わることにより、若手が課題解決に具体的な提案を出すことで、個々の学校運営参画意識は大きく変わった。

③徴収金の改善に向けて、リソース情報の共有からの気づきや事務職員が日頃から感じていた疑問点を生かし、具体的な改善点を出し合うこと

で、若手の力量形成、学校事務の質の向上につなげていった。アンケート分析結果を説明することで、自校教員にも費用対効果や、保護者負担への気づきにつながるなどの成果があり、若手事務職員に自信をもたせることができた。平成30年度には若手事務職員からの提案を受け、さらなる保護者負担の軽減を目指して、入学用品セット教材の見直しも行った。副教材の評価をもっと生かしたいという課題意識から、教材選定の重要性を各校の教員と再確認し、教材選定会議の開催、運営につなげていった。そして、令和２年度は、学校給食費の公会計化早期実現に向けた提案や、保護者負担額の経年変化と公費予算との関連を継続調査するとともに、副教材の使用目的ごとの調査、全体調整へと取組をつなげ、成果を教育委員会と共有している。

おわりに

　事務長の役割・動きとして、次の３点を挙げる。①共同学校事務室で出された課題や気づきを事務職員だけで解決するのではなく、町内全校で取り組むべき改善策や制度とすべく、管理職・教育委員会と協議できる組織の立ち上げ。②学校内では運営に当事者意識をもち、企画委員会への参画と提案、共同学校事務室の校務分掌への位置付け働きかけ。③事務職員自身の力量形成。これらは、学校貢献への自信や、やりがいをもつなどの事務職員の成長に有効であった。組織を活用し、全員の強みを生かしながら、皆で対応していくことの大切さを学んだ。当事者意識をもって取り組むことで、達成感は倍増する。町全体で学校事務の質の向上に向け、教育委員会と共に組織化を図ったこと、標準職務表をベースとして学校事務職員間の分業体制を整え、進捗を掴み支援しながら共有を図っていくプロセスが重要であると教訓を得た。

　事務改善に向けた取組を進めるには事務職員の意識や仕事量の調整も大切である。楽しくやりがいをもって取り組むのは良いが、一生懸命のあまりハードワークにならないよう個人と全体を見ながら業務の簡素化と調整を図ることも事務長の大事な仕事である。

　事務長交代は数年に一度は必ずやってくる。重要なことは、事務長交代の際にも、共同学校事務室が、子どもたちの学びを保障し、教員が安心し

て事務業務が行える環境を整えるという方針が揺らがないこと、取組を順調に引き継ぐことである。事務職員間の取組確認や事務長会、共同実施連絡会の役割も再確認しながら、共同学校事務室が課題解決のためにある組織であると広く周知していくことも継続したい。（入澤晃爾、大天真由美）

✏ 報告当日の受講生によるフィードバック

💬 吉村由巳さんからのフィードバック

さまざまな地域課題を二代にわたる事務長のリーダーシップにより改善されてきた経過と成果を示されたものと捉えました。

小規模自治体の教育委員会事務局職員は、2〜3年で異動することにより目標に向かうベクトルが途切れてしまい、何かと不安定な中、困難があると思います。そういった中にあって、これだけの成果を示せたのは、「おわりに」にある通り、「マネジメントの仕組み化」の成功にあるのではないかと考えます。これらの取組のベースとなる事務長の姿は、地域の外にも拡がり、若い事務職員のロールモデルとなるのではないでしょうか。私も地域の事務長の姿をしっかり見習わなければならないと気を引き締めました。

💬 神原千恵さんからのフィードバック

美咲町の取組は素晴らしいと思います。しかし、誰もができる事のように思えないのはなぜだろうと感じています。樋口さんの質問にもありましたが、まず信頼を得るまでのプロセスを知りたいと思いました。きっと強い思いや願いがベースにあるはずです。それは何か。どうしてその思いを持ったのか。その辺りを伺いたいと思いました。

7　プロジェクトを進化させるメンタリング

ほとんどの場合、一人で学校に配属される小中学校事務職員は、就職後、前任者や地域の先輩の学校事務職員、さらに管理職や教員の支援を受けて職場に適応する。また、そうした新任期が終わっても、他者の支援を得つつ成長を続ける（藤原、2015）。こうした支援のうち、先輩の学校事務職員などによって、継続的に行われる支援のことをメンタリングという。経験豊富な学校事務職員など支援を行う人をメンター、支援を受ける人をメン

ティー（または、プロジェ）という。

　指導員制度、ブラザー・シスター制度といった名称で制度的にメンタリングを実施している自治体も見られるが、制度化されないまでも、メンタリングは学校事務職員の世界で広く行われてきたと言えよう。しかし、学校事務職員を対象としたメンタリングについての研究は少なく、メンターとして何をすべきかといった指針は確立していない。

キャリア的機能と心理・社会的機能

　メンターとしての役割を担う学校事務職員にとって参考になるのが、キャシー・クラムによるメンタリング行動（メンターによるメンティーに及ぼす行動）についての研究（キャシー・クラム、2003）である。図に示す、同研究において提示された二つの機能及び下位概念は、今日に至るまで研究分野を超えて広く受容されている。

　まず、メンタリングの第一の機能は、「キャリア的機能」である。このキャリア的機能は以下の五つの下位概念によって構成される。第一の下位概念は、「支援」であり、メンティーが望ましい業務やポストに就けるよう支援を行う行動である。第二の下位概念は、「推薦と可視性」

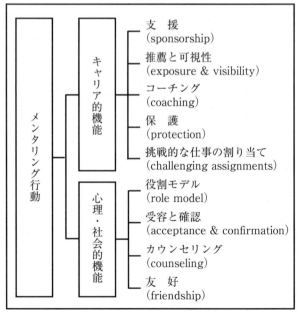

図　キャシー・クラム（2003）による
メンタリング行動の構成概念

メンタリング行動

キャリア的機能
支　援
(sponsorship)
推薦と可視性
(exposure & visibility)
コーチング
(coaching)
保　護
(protection)
挑戦的な仕事の割り当て
(challenging assignments)

心理・社会的機能
役割モデル
(role model)
受容と確認
(acceptance & confirmation)
カウンセリング
(counseling)
友　好
(friendship)

であり、将来の機会を向上させるような仕事にメンティーを推薦し、メンティーの存在を組織の上層部に認知してもらう行動である。第三の下位概念は、「コーチング」であり、仕事の目標を達成するための戦略や手法を提案する行動である。第四の下位概念は、「保護」であり、メンターの評判を脅かすような不必要なリスクを削減し、リスクからメンティーを守る行動である。第五の下位概念は、「挑戦的な仕事の割り当て」であり、挑戦的な仕事をメンティーに割り当てる行動である。

　メンタリングの第二の機能は、「心理・社会的機能」である。この心理・社会的機能は以下の四つの下位概念によって構成される。第一の下位概念は、「役割モデル」であり、メンティーにとっての役割モデル（お手本）を演じることである。第二の下位概念は、「受容と確認」であり、メンティーを一個人として尊重し、無条件に肯定的な関心を伝えることである。第三の下位概念は「カウンセリング」であり、メンティーが心配事や悩みについてオープンに語ることができるような場や機会を提供することである。第四の下位概念は、「友好」であり、メンティーとの間にインフォーマルな相互関係を築くことである。

　こうした二つの機能及び下位概念は、学校事務職員によるメンタリングを理解する上でも有効である。本書に収録された「新規採用事務職員の成長を促す共同実施の取組」においても、業務に対する指導（コーチング）を行いつつ、初任者が企画会議に参加きるよう管理職に要請し、あえて職員室でメンタリングを行い、様子を管理職に見せる（支援、推薦と可視性）といった取組が報告されている。

メンタリングの効果と効果的なメンターの関わり方

　こうしたメンタリングは、メンティーだけでなくメンターに対しても、特に女性において、キャリアサクセス・キャリア発達（昇進など）、キャリア満足など極めて重要な効果をもたらす一方、メンティーは時にメンターに対して過剰に依存してしまうなどネガティブな効果を生み出す可能性もあることが明らかにされてきた（久村、1997）。こうしたことから、効果的なメンターの関わり方が重要であり教員を対象とした研究において、メンターチーム（複数のメンターが複数のメンティーに対し行うメンタリン

グ）では、活動が自律的である、メンティーが自分で話をすることができる、先輩教員の経験談を聞くことができる、自律的に活動する中で経験10年以上の先輩教員もメンターチームに参加する、といったことがメンティーの問題解決につながっている（脇本・町支、2015）など、効果的なメンターの関わり方についての研究も進められている。共同学校事務室の整備によって、権限を有した室長による人材育成が本格化する兆しがあるとはいえ、上司でなくても行うことができるメンタリングの意義は損なわれることはない。多様なメンタリング関係を構築し、メンティー、メンターともに成長していく業界を目指すべきではないか。　　　　（藤原文雄）

8　賛同と支持を得るために～学校経営参画、カリキュラム・マネジメント参画、地域連携協働参画をする上で知っておいた方が良い教育委員会の仕事について～

はじめに

　教育委員会は、地方教育行政の組織及び運営に関する法律において、その目的や役割等の定めがあり、その中で、学校と教育委員会あるいは、国・県教育委員会・市町村教育委員会との関係性についても触れられている。

　制度上、教育委員会は非常に幅広い分野・内容の業務を担っているが、今回はスクールビジネスリーダーたる学校事務職員の皆さんが知っていても損はないだろうと思われる内容を、法律や規則等の固い話はいったん脇に置きつつ、私の経験を元に述べていきたいと思う。前置きさせていただくが、これはあくまでも私の勤務する秋田県における現状であり、他の教育委員会に必ずしもあてはまるわけではない。どうか参考程度に受け止めていただければ幸いである。

予算編成作業について

　各学校において、事務職員として学校経営や、カリキュラム・マネジメントに参画することを考える上で重要なリソースの一つに予算がある。目の前に立ちはだかる課題の解決のための十分な予算が確保されていれば良いのであるが、必ずしもそうでない場合の方が多い。そうした場合、各学校に配当された予算の中でやりくりして捻出できないかを検討すること

　なるが、それすらできないとなった場合は、教育委員会に対して予算措置を要望することが考えられる。ここでは、予算に焦点を絞り学校側からは見えない教育委員会側からの視点で触れていきたい。

　学校が議決された予算をいかに有効活用していくかに注力するのに対し、教育委員会は、そうした視点に加え、必要な予算をいかに確保するかという重要な業務も担っている。

　通常、予算の編成は、議会の開会時期に合わせ財政当局から発出される予算編成通知をもって作業に取りかかることになる。予算編成通知には、通常、○重点的に取り組む事項、○財源の確保目標、○歳入に関する事項、○歳出に関する事項、○債務負担行為等に関する事項、○特別会計及び企業会計に関する事項が示され、見積書の提出期限、日程等が細かに指示される。本県においては、県財政を取り巻く厳しさが増していることから、○歳入に関する事項では、県税収入の確保や、未利用財産の売却や貸付、未収金の解消などが指示され、一方、○歳出に関する事項では、予算の削減率（シーリング）が指示されている。

　予算の編成作業は、本県では次のような流れで行う。①各課室の事業担当者の資料作成、②各課室長の決裁、③庁内検討・教育長決裁、④財政課担当ヒアリング、⑤財政課長調整、⑥総務部長調整、⑦知事査定、⑧議会へ予算案上程（本県では、知事以外は査定と言わず調整と呼ぶ）。当初予算を例にとれば、①〜④については、経常予算から順番に作業を進め、次に政策予算の順で進められる。調整の場は、調整と要望に明確に区分されており、調整は先方が主導、要望は教育委員会側が主導で話を進めることとなっている。双方の折り合いがついたものから決着していき、残った予算が⑤→⑥→⑦と進む。例年10月上旬から作業が始まり、⑦の知事査定は1月下旬となることが多い。

　当初予算の他、補正予算の編成があり、通常の場合本県では、6月、9月、12月、2月に行っており、編成の流れは当初予算とほぼ同様である。ただし、補正予算が当初予算と大きく異なる点は、前回補正後の状況変化等により行政推進上緊急を要する事業など、特に事情のあるものに限定されることである。従って、いつでも好きなときにどのような内容のものでも要求できるものではなく、一般的には内容により要求する時期が当初予

算なのか、補正予算なのかがおのずと決まってくるのである。

予算確保の観点から

　今やどこの自治体も少子高齢化の影響で、地方交付税等の税収が大きく減っており苦慮している実態にある。しかしながら、政策目的を実現するためには必要な税収を一定程度確保しなければならず、こうした仕事もまた、教育委員会における大事な仕事である。ここでは、予算の財源について代表的なものに触れてみたい。

○使用料及び手数料　いずれも地方公共団体が特定人のために何らかの便益を与えることによる特定人の受益に着目して、その事務のため地方公共団体が支弁する経費の全部または一部を応益的に特定人に負担させるもの。

○国庫支出金　地方公共団体又は地方公共団体の機関が行う国、他の地方公共団体その他の事務についてなんらかの必要性に基づき、国又は他の地方公共団体から当該地方公共団体の当該事務に係る財源の全部又は一部として相当の反対給付なしに交付されるもの。

○財産収入　地方公共団体が有する財産を貸付け、私権を設定し、出資し、交換し、又は売払いしたことによって生ずる現金収入をいう。

○寄附金　当該地方公共団体以外の者から受ける金銭（物品又は財産は予算に無関係）の無償譲渡をいう。

○繰入金　一般会計、他の特別会計及び基金又は財産区会計の間において、相互に資金運用としての繰入金を計上するもの。

○繰越金　地方公共団体の余剰金は、地方自治法第233条の２の規定により、各会計年度において決算上余剰金が生じたときは、翌年度の歳入に編入しなければならない。これを翌年度の歳入として編入する場合、繰越金として受け入れる。

○地方債　地方財政法第５条本文の規定は、地方公共団体の歳出の財源は地方債以外の歳入をもって、その財源としなければならないという原則を定めているが、この原則に限定すれば事務事業の執行に支障をきたすこととなるので、ただし書の規定において制限された範囲内で特別に長

期の借入資金をもって財源とするもの。

○諸収入　都道府県税・市町村税、地方消費税清算金、地方贈与税、税交付金、地方特例交付金、地方交付税、交通安全対策特別交付金、分担金及び負担金のほか、前述した財源以外の歳入（なじみのあるところで言えば、労働保険料収入などがこれにあたる）。

　例えば、国庫支出金の中の国庫補助金ついていえば、各事業担当者は常に国の動向を注視しながら、必要なタイミングで国に対する事業計画や交付申請、実績報告書等の書類作成や国費の受け入れをしている。また、国庫支出金を活用した事業予算は、時折、国の会計検査院の実地検査を受検することがある。そうした場合には、必要な書類の作成や、現地への同行及び説明などの対応を行う。また、地方債の充当が可能な適債事業は、通常、都道府県・指定都市は国と、一般市町村は都道府県と、原則協議を行うこととなっていることから、そうした事務も教育委員会の重要な仕事の一つである。

　国が事務事業を加速させたい時に用いるのが、国庫支出金と地方債、地方交付税措置の抱き合わせメニューである。例えば、国庫補助金３分の１の事業の場合、通常、残り３分の２は一般財源の持ち出しとなるが、国が定める期限までに当該補助金を活用することで、残り３分の２については、補正予算債（地方債）を100％活用でき、さらに、その補正予算債の50％が交付税措置される等である。タイミングを逃してしまうと、当該自治体における財政運営に支障が出ることから、予算担当者は、各省庁はもちろん各県の東京事務所の担当者（各省庁の情報収集を担っている）と連絡を取り合いながら、必要な情報を得て業務を進めているのが現状であると思われる。

予算折衝の場面において

　要求した予算が実際に計上されるためには、①現状認識が十分できている、②課題が明確になっている、③合理的な方法である、④一定のニーズがある、⑤県（市町村）が行うべき立場にある、⑥費用対効果がある、⑦業務過重とならない、などが予算査定上の必須のポイントとして考えられ

る。しかしながら、実際の予算の編成作業は、非常にタイトなスケジュールでの作業となる上、少ない人員で行わざるを得ないため、①～⑦すべての条件をクリアすることができていないことも希にある。そうした予算は、真に必要な予算とは認められないため、査定の段階で減額されたり、ゼロとなったりする。やはり前述の①～⑦のポイントをしっかりととらえることが重要なのである。

　私は立場上、教育委員会全課室の財政課担当ヒアリングに立ち会うが、そうした中で財政課の担当職員に対して予算の必要性が十分に伝わっていないと感じられることが時折ある。財政課職員は学校現場の事情に明るくない方が多いため、教育に関しては全くの素人である。にもかかわらず、いきなり「アクティブラーニング」であるとか「ＴＴ加配」などと専門用語を多用しながら説明を行う職員がおり、これで理解を求めることはさすがに酷である。

　また、現状における課題や予算を投入することによりどうなるかといったビジョンの話が薄く、資料も単に数字が躍っているだけになっている場合もある。いずれにしても、財政課職員との議論がかみ合わず無駄に時間だけが過ぎることもあり、丁寧で熱意が伝わる説明の重要性を身にしみて感じている。大事なことは、予算の必要性を的確に伝えることである。これは、対財政当局であっても、対議会であっても同じことである。

おわりに

　学校も教育委員会も国も子どもの健やかな成長を願いより良い教育環境を整えようとして日々努力を重ねている。学校は児童・生徒に最も近い立場でしかできない仕事を、市町村教育委員会は、地域住民にもっとも近い立場で学校設置者としての仕事を、県・指定都市教育委員会は、学校設置者であるとともにスケールメリットを生かし広い視野での教育行政を、国はナショナルミニマムの観点でそれぞれの専門性を発揮し仕事を行っている。

　しかしながら、より良い教育環境の実現のためには、どの立場にあろうとも同じ方向性で課題を共有しながら仕事をすることが大事になってくる。そのために、学校事務職員の皆さんが教育委員会の仕事の中身や進め

方を一定程度理解しておくことは、テーマである「賛同」や「支持」を得られるようにステップアップする上ではとても大事なことと言えよう。今回は、数あるリソースの中から予算を中心に取り上げさせていただいた。本内容が読者の参考となれば幸いである。　　　　　　　　　　（嶋田真一）

9　学校事務職員の人材育成 〜標準的職務の明確化と育成指標を核として〜

学校事務職員の人材育成

　学校事務職員には、総務・財務・施設管理といった実務を遂行しつつ、学校経営、カリキュラム・マネジメント、地域学校連携協働といった学校運営に参画し、教育の質向上に貢献することが求められている。これらの学校事務職員の職務の高度化は、学校事務職員の資質・能力及び意欲の向上を必要とする。こうしたことから、文部科学省は、学校事務職員の職務規定改正の際の通知（28文科初第1854号）において、「新たな職務を踏まえ、資質、能力と意欲のある事務職員の採用、研修等を通じた育成に一層努めること」とし、各都道府県において見直された職務規定を前提とした、学校事務職員の資質・能力及び意欲を高めるための施策の実施を要請した。

　すべての学校事務職員が総体として高いレベルの仕事を遂行できるようにするためには、経験年数を基準とするステージに対応したキャリアパス（キャリアアップの道筋）を準備し、ステージ毎の発達目標を「積み残す」ことなく達成し、成長し続けられるよう支援する人材育成の仕組みを用意することが望ましい。また、その人材育成の仕組みにおいては、地域全体の教育の質向上という狙いに向け、キャリアパス設計─人事・処遇─研修間における一貫性が不可欠と言えよう。

　全国の学校事務職員のキャリアパスの整備状況並びに学校事務職員の資質・能力及び意欲に関する研究動向（藤原、2021）を踏まえた、理想的な学校事務職員の人材育成の仕組みを次頁の図1に示す。

標準的職務の明確化

　学校事務職員の人材育成の仕組みの要に位置するのは、「標準的職務通

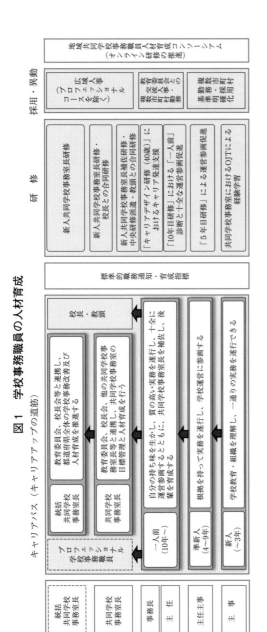

図1　学校事務職員の人材育成

知」及び「育成指標」である。「標準的職務通知」は、担当する職務を整理した「職務分析型職務表」から、学校事務職員が総括する職務に運営参画する役割を加えた「静岡モデル型職務表」（清原、2001年）へと発展してきた。文部科学省が2020年に発出した「事務職員の標準的な職務の明確化に係る学校管理規則参考例等の送付について（通知）」において、服務監督権者である教育委員会が学校事務職員の職務内容を定める際の「基礎資料」として示した「標準的な職務の内容及びその例」並びに「積極的に参画する職務の内容及びその例」も、この「運営参画型職務表」の系譜に属する（なお、静岡県では2020年に同モデルとは異なる「標準的職務通知」を発出した）。

さらに、共同学校事務室（共同実施組織）の全県実施などによって職制

が整備されたことから、一般の学校事務職員と共同学校事務室（共同実施組織）の責任者の役割を担う事務主幹などの標準的職務を区分して示す「新潟モデル型職務表」へと発展してきた。これらの「標準的職務通知」は、各都道府県教育委員会が新たな職務を踏まえた「標準的職務通知」を検討する上で参考にすべきものである。理想的な学校事務職員の標準的職務通知の概要を表2に示す。

表2　標準的職務通知

【全ての学校事務職員共通】

運営参画する職務	職務の内容	職務の内容の例
学 校 経 営		
カリキュラム・マネジメント		
地 域 学 校 連 携 協 働		

※経験年数・職位に応じて参画する

事務職員が総括する職務	職務の内容	職務の内容の例
総 務 機 能		
財 務 機 能		
管 財 機 能		
事 務 管 理 機 能		

※教職員及び共同学校事務室と協働して遂行する事務も含む

【共同学校事務室長及び室長補佐】

共同学校事務室長	職務の内容	職務の内容の例
連 携		
目 標 管 理		
人 材 育 成		

共同学校事務室長補佐	職務の内容	職務の内容の例
室 長 補 佐		

※全ての室員は、共同学校事務室の運営に参画する

　確かに、筋論から言えば、市町村立学校の学校事務職員の職務は、服務監督権者である市町村教育委員会が定めるべきものである。しかし、各市町村教育委員会が完全に単独で学校事務職員の職務を決定すれば、処遇・人事と職務が連動しなくなるという課題が生じる。そこで、任命権者である都道府県教育委員会が市町村教育委員会との協議を経て「標準的職務通知」を作成し、それを参考にして各市町村教育委員会が学校管理規則及び

要綱などで職務を規定するという方式が現実的にはふさわしい。

　また、教育委員会が標準的職務を定めれば直ちに学校に浸透するわけではない。新たな職務を踏まえた標準的職務の明確化の狙いは、マネジメントモデル転換による学校機能強化（28文科初第1854号）にあり、校長はもとより教職員全体の組織文化変革があって初めて狙いは実現する。こうした改正の趣旨を学校に伝えるとともに、都道府県教育委員会の管理主事・指導主事による市町村教育委員会・学校訪問の際に、「標準的職務通知」が学校組織及び学校組織の上で、どう実現しているか検証し、変化を加速化させることが都道府県教育委員会には求められよう。こうした観点で、徳島県教育委員会が2021年に発出した「標準的職務通知」は、これまでの各都道府県における「標準的職務通知」の英知を結集したものとして参考になる。

「育成指標」

　育成指標は、キャリアパスに対応して学校事務職員に求められる資質・能力等の一覧表である。学校事務職員にとっては、職業生活全体を俯瞰し、キャリアをデザインして、求められる資質・能力等を高める上での「羅針盤」と言えるものである。図１には、これまでの研究（藤原、2011など）を踏まえ、経験数に対応した職位、担うべき機能の変化を示したキャリアパスが示されている。

　そこでは、就職後３年程度（新人）で実務を習得し、就職後４年目から９年目の間に、根拠を持って実務を遂行し、学校運営に参画し、10年目以降は「一人前」として後輩指導の役割を担い、さらに事務長（係長級）ともなれば責任を持って校長・教頭を補佐し、その後は、退職まで主任又は事務長として勤め上げるプロフェッショナル学校事務職員、共同学校事務室長・統括共同学校事務室長、あるいは校長・教頭への路に分かれ進んでいくというキャリアアップの道筋が示されている。そこでは、自分の業務をマネジメントする「セルフマネジメント」、次いで、校内の業務を調整する「組織マネジメント」、学校全体の舵取りを行う「戦略マネジメント」、地域全体を調整する「ネットワークマネジメント」（国民総合教育文化研究所、2009）というように、次第に、マネジメントする範囲を拡張し、意思

決定の責任を重くしていくという漸進的な成長がイメージされている。

　育成指標を作成する上での検討課題には、(1)どのようにキャリアステージを区分するか、(2)知識、果たすべき機能、素養など資質・能力等を構成する要素のどれに注目し、どうグループ化して表記するか、(3)特にどのような資質・能力等を重視するか、(4)標準的職務通知とどう連動させるか、(5)40歳代以降の学校事務職員のキャリアの分化をどう表現するか、などがある。

■新潟市の育成指標

　新潟市の育成指標は、採用当初は経験年数によって、その後は職名によってキャリアステージ（横軸）を区分し、資質・能力等を「実践力」「組織マネジメント力」「人間力」にグループ化（縦軸）している。「実践力」は、標準的な職務に対応した果たすべき機能であり、「組織マネジメント力」は学校組織の運営に関する機能であり、「人間力」は素養と言える内容である。新潟市の場合、経験年数と職名によってキャリアステージを区分している点、教育的素養を重視している点が特長である。

■島根県の育成指標

　島根県の育成指標は、職名によってキャリアステージ（横軸）を区分し、資質・能力等を「豊かな人間性と職務に対する使命感」「職務にかかわる専門的知識・技能及び態度」「組織の一員として考え行動する意欲・能力」「子どもの発達の支援に対する理解と対応」「よりよい社会をつくるための意欲・能力」にグループ化（縦軸）している。島根県の場合、標準的職務に対応せず資質・能力等を捉えている点、教育的素養を重視している点が特長である。

■秋田県の育成指標

　秋田県の育成指標は、第4ステージまでは職名によって、それ以降はベテラン事務職員、管理職に分化する形でキャリアステージ（横軸）を区分し、「業務全体に占める①定型的業務、②調整的業務、③企画的業務、④地域協働業務の占める割合」「専門的知識・技能」「チーム学校を支えるマネジメント力」「学校の内外をつなぐ力」にグループ化（縦軸）している。秋田県の場合、キャリアの分化を取り入れている点、標準的職務に対応せず資質・能力等を捉えている点、業務のウェイト付けを示している点が特長で

ある。

■奈良県の育成指標

　奈良県の育成指標は、職名によってキャリアステージ（横軸）を区分し、資質・能力等を「学校事務職員としての素養」「専門領域における業務遂行力」「学校運営・マネジメント力」にグループ化（縦軸）している。「専門領域における業務遂行力」は、構想、実践、評価・改善、グループワーキング、研究、情報収集などに細分化されている。奈良県の場合、標準的職務における事務職員が総括する職務と運営参画する職務に必要な資質・能力などに注目している点が特長である。

　このように、職種間の統一性を確保するため、校長や教員の育成指標の構造と同じものにすることが多いため、作成する上で選択肢は限られているとはいえ、各都道府県教育委員会・政令指定都市教育委員会が作成した育成指標にはさまざまな類型があることが分かる。育成指標には各都道府県教育委員会の学校事務職員に対する期待が込められているのである。

　それぞれの育成指標に特徴があるが、資質・能力等を、(1)学校事務職員としての素養及び、(2)知識、(3)標準的職務通知において示された担うべき職務についての望ましい行動をキャリアステージ毎に記述する方式が一番効果的なのではないか。この形式の育成指標を次頁の表３に示す。

研修、採用・異動

　これまでの学校事務職員の研修は、構造化されていない、受動的な学習になっている、研修の成果が確認されていないといった課題を有していた。しかし、標準的職務と連動した育成指標が整備され、育成指標に基づいた研修が行われれば、これらの課題は克服できるに違いない。図１では、育成指標と対応した研修体系も示している。

　学校組織を理解し、実務を習得することが発達目標である新人の研修の基本は、共同学校事務室におけるＯＪＴによる経験学習である。準新人期には、成長を鈍化させず、運営参画に挑戦するよう「５年目研修」を実施し、10年目には「一人前」としての資質・能力等が習得されているか、自己の特長は何かについて診断し、目指す学校事務職員像を確立するとともに、十全な運営参画を促進する「10年目研修」を実施する。さらに、40歳

表3　育成指標

※職階、職務、学校事務職員経験によって水準が異なる

機能	(1)運営参画する職務 ・学校経営 ・カリキュラム・マネジメント ・地域学校連携協働 (2)一定の責任を持って遂行する職務 ・総務機能 ・財務機能 ・管財機能 ・事務管理機能 (3)事務室運営機能 ・業務管理 ・人材育成
知識・スキル	実務系・教育系知識
	合理的思考力、臨機応変な対応力、リソース（教育資源）の開発・活用力、リーダーシップ、協働力など
価値・素養	児童生徒貢献志向事務職員アイデンティティー
	貢献志向、成長志向、教職協働モチベーションなど
	コミットメント（誇り）、責任感、効力感
	キャリア目標
	学びに向かう力（経験学習、越境学習、生徒交流）

（出典）筆者作成

　には、「キャリアデザイン研修」を実施し、どのようなキャリアに進みたいのか、そして、それを実現するための学習をどう進めるのかという深く考える機会を設けるなどの仕組みが有効であろう。また、限られた研修リソースを活用し、他都道府県の学校事務職員から刺激を受け成長できるよう、地域の教育委員会が連携し、オンラインでの研修を前提として、地域共同学校事務職員人材育成コンソーシアムを構成するなどの取組も今後広がっていくのではないだろうか。

　また、人材育成の充実と併せて、共同学校事務室の整備を踏まえて、事務研活動のスリム化を進めることも求められている。誤解の無いように強調しておけば、学校事務職員全体の資質・能力の向上に事務研活動が果たしてきた役割は大きい。また、事務研活動に積極的に関与していない学校事務職員と比較すれば、積極的に関与している学校事務職員の資質・能力の水準は高い。今後とも、事務研活動の意義は失われることはない。しか

し、勤務時間内の長時間の事務研活動、特に、勤務校の職務に直接関係のない役員会の開催、参加が強制されること、個人情報を集めること、等に対しては学校事務職員の内部から批判の声がある。こうしたことから、実務の支援組織として共同学校事務室が整備された今、勤務時間については研究組織として適正な活動規模に縮小するなど、事務研活動の見直しが必要であろう。

　さらに、総合的に学校事務職員の人材育成を進める上では、校長・教頭人事と同じように、ワーク・ライフ・バランスに配慮しつつ、広域人事・交流人事を行い、地域のリーダーとなる学校事務職員を育成し、県下全域の学校事務の水準、ひいては学校の機能を高める「戦略的人事」への転換も必要であろう。

　もっとも、学校事務職員の人材育成の一番の主体は、学校事務職員自身であることを忘れてはならない。共同学校事務室での業務を含め、日々の業務の中で挑戦し続け、主体的に知識をアップデートし、職場という枠を超えて自己研鑽を重ねること、これが知識ワーカーとして成長する王道に他ならない。

（藤原文雄）

終　章

リフレクションと未来へ

スクールビジネスプロジェクトとスクールビジネスプロジェクト学習

　スクールビジネスプロジェクトとは、「教育的素養」を有したリソースマネジャーとしての強みを生かし、子供や教職員、さらには保護者や地域住民など「他者」を支援すべく、ビジョンと目標を設定し、計画を立てて、成果を生み出す営みのことをいう。それは、意志を持って子供たちの幸福な近未来を創造することである。スクールビジネスプロジェクトとスクールビジネスプロジェクト学習は違う。スクールビジネスプロジェクト学習は、スクールビジネスプロジェクトにおける経験を通じて学ぶ学習方法であり、新しい自分を創造し、次なる挑戦課題を見いだすことが狙いである。

　いまだ、教職員による学校事務の理解が得られていない状況において、学校事務職員がスクールビジネスプロジェクトを遂行する上では、相当のエネルギーとソーシャルスキルを必要とする。そうしたことから、これまでの事務研究会などでは、ともすれば、スクールビジネスプロジェクトの成果を検証し、教員の理解を得るということまで至らなかったことは否めない。しかし、スクールビジネスプロジェクト学習においては、そうした学校事務職員の計り知れない努力をリスペクトしつつも、学びと成長に価値を置くものである。

　実は、スクールビジネスプロジェクト学習は、学校現場において目新しいものではない。既に学校で行われている育成型の目標管理と何ら違いはない。それに、意図的・専門的な指導を付加したものがスクールビジネスプロジェクト学習である。ただし、そこで遂行されるスクールビジネスプロジェクトは、究極的には子供の学力向上・学力格差是正や進路実現、安心安全な生活の実現といった子供の「幸福」実現を支援することを志向するものでなければならない。

　せっかく取り組むなら、楽しく、しかも、手応えのある、できれば過度に無理のないスクールビジネスプロジェクト学習にしたい。そのためには、目標設定が重要である。適切な目標設定を進めるための三つの視点を次頁の図1に示す。

　スクールビジネスプロジェクト学習を長期間にわたって取り組み、やり切るには、「やりたい（意志）」「できる（スキル）」「すべき（組織の要請）」という三つを重なり合わせることが重要である。なぜなら、「やりたい」気

持ちが無ければ持続しないし、「できる」ことでなければ成功しない。さらに「すべき」ことでなければ周りから支持されないからである。「やりたい」気持ちを土台として、「できる」力を裏付けに、「すべき」こととの調和を図って、主体的にプロジェクトを推進し、そこから学び、成長して、明日へ進む、これがスクールビジネスプロジェクト学習の目指す世界である。

図1　スクールビジネスプロジェクト学習における目標設定

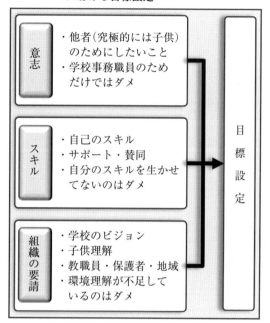

スクールビジネスプロジェクト計画

　本章に掲載するのは、4人の学校事務職員によるスクールビジネスプロジェクト計画である。それらは、目標及び今後取り組む予定の取組を記述した計画である。

　林恒輔さん（鬼北町立広見中学校、4年目プロジェクト取組時、以下同じ）は、施設整備管理及び災害時対応マニュアルの整備などを通じて、子供の生命を守るというスクールビジネスプロジェクト計画を立案している。地震を想定した避難訓練を見た際に、感じた気付きを生かして、さらなる危機管理の充実に向け、防災士資格を取るなどの努力をしつつ、成果を収めようとする計画である。

　松野由季さん（阿波市立阿波中学校、5年目）は、施設整備管理を通じて子供の安全と学びの充実を応援するというスクールビジネスプロジェクト計画を立案している。異動した際に教員たちから要望があった生徒の机

と椅子を整備するという課題に、「生徒が『通いたくなる学校』」という勤務校が目指す学校像を意識しつつ、自分の持ち味である言語スキルを生かし説得力を増し、成果を収めようとする計画である。

　杉上厚史さん（高松市立木太南小学校、７年目）は、ICTを活用した豊かな学びの充実と働き方改革、校務運営の円滑化を目指すというスクールビジネスプロジェクト計画を立案している。GIGAスクール構想という施策の風を受け止め、多忙な状況にある教職員やコロナ禍で不安を募らせている保護者を支援すべく、これまでのICT活用の経験を生かし、教員と協働し、成果を収めようとする計画である。

　四方眞由美さん（京都市立衣笠中学校、９年目）は、教育とリソースとのつながりを意識してもらい、教育活動に貢献する財務運営を目指すというスクールビジネスプロジェクト計画を立案している。自ら学び続けたいという強いモチベーションに裏付けられ、財務運営を通じて、学校改善に貢献し成果を収めようとする計画である。

　いずれのスクールビジネスプロジェクト計画も、「やりたい（意志）」「できる（スキル）」「すべき（組織の要請）」という三つが重なり合った優れた取組である。今後、メンターの支援の下、翌年度の１年間を通じて実行される予定である。１年後の成果に期待したい。　　　　　　　（藤原文雄）

1　災害に備えた学校づくり

はじめに

　鬼北町立広見中学校（平野昌稔校長）は、愛媛県南予地域の山間部に位置し、生徒数185名、８学級の小規模中学校である。筆者が勤務する鬼北共同学校事務室は、拠点校方式集中配置型の共同実施として平成19年に設置され、鬼北町内の小学校６校、中学校２校、計８校の学校事務を担当している。

　筆者が学校防災に取り組んでみたいと思ったきっかけは二つある。一つは、今年度、防災士の資格を取得したことである。防災士とは、日本防災士機構が実施している資格で、愛媛県では防災士資格を取得した人数が東京都に次いで全国２位である（令和２年度現在）。もう一つは、ある構成校

を訪れたときのことである。その日は地震を想定した避難訓練が行われていた。教員のアナウンスが入り、子どもたちは上着で頭を覆いながらグラウンドへ避難していた。筆者はその姿を見て、地震発生時に上着だけで瓦礫から身を守ることができるのだろうか、と思った。そもそも、大地震が起きたあと校内放送設備は機能するだろうか。筆者は、学生時代から今日まで当たり前に行われてきた避難訓練に疑問を持った。

　愛媛県では、南海トラフ大地震が発生した場合、全20市町で被害が発生すると言われている。愛媛県が平成25年12月に発表した「愛媛県地震被害想定調査結果（最終報告）」では、県内全体での被害規模として、死者1万6千人以上、被災1か月後の避難者数50万人以上と想定されている。近いうちに必ず起こると言われているこの災害に対して、子どもたちの安全を確保するため、学校防災に取り組もうと考えた。

ハード面での取組
(1)防災関連品の確保
　まず、筆者は災害に備えた物品の整備ができるのではないかと考えた。学校事務職員として、財務面からのアプローチが可能であるからだ。具体例としては、防災頭巾やヘルメットなどの整備である。座布団代わりに防災頭巾を常備している学校が全国でも増えていると聞く。耐火性のもの、折りたたみ式のものなどを、常に机のフックに掛けておけば、災害発生時に児童生徒がすぐ使用でき、頭を上着で覆うよりも効果が期待できる。
(2)安全点検結果の把握と修繕の早期対応
　拠点校の安全点検結果は、事務室にも共有されるため把握ができている。しかし、構成校の点検結果は、現在構成校と事務室の間で共有できておらず、修繕の請求書が届いてから不備のあった箇所を知ることが多い。構成校訪問を利用して、要修繕箇所の情報を得るしくみを整えることで、危険箇所への早期把握、対応が可能となる。また事務室には、さまざまな専門業者の情報があることから、状況に合わせ適切でより安価に対応する業者につなぐことができる。

ソフト面での取組

⑴校内の災害時対応マニュアルの確認と備蓄の把握

　どの学校でも毎年度初めに災害対応マニュアルを整備する。しかし、教職員がマニュアルの内容を十分に理解していない場合は、実際に災害が起きたとき有効活用できない。そのため研修を実施して内容を周知したうえで、避難訓練の際にマニュアルを使用してみることが必要である。

　災害用備蓄の確認も必要だ。文部科学省「避難所となる公立学校施設の防災機能に関する調査の結果について」(2019)では、避難所に指定されている愛媛県の小中学校のうち、備蓄倉庫設置率は約82％であった。普段使用することはないが、内容物の確認、個数の把握はスムーズな避難所開設のために必要になるはずである。学校に関わる職員全員が情報を共有し把握しておく必要があると考える。

⑵災害発生時の持出品の確認と共有

　災害時の持出品は、個人情報に関する書類、通帳、印鑑、マスターキーや防災関係の鍵など、思いつくだけでも、数多く挙げられる。一覧にまとめ防災マニュアル同様に職員に周知しておく必要がある。実際に、本校で防災関係の鍵の保管場所を把握している職員は少なかった。災害時に必要最小限の持出品について、その場所を把握し職員間で共有しておくことが、災害後の速やかな業務再開にもつながるだろう。

取組にあたって

　実際に防災関連物品の購入については、予算措置や教育委員会事務局との連携、管理職の理解といった課題が想定される。しかし、近い未来に必ず起こると言われているこの災害の発生に際して、子どもたちの命を守るため、できる限り備えておく必要がある。実際に災害が発生してからでは遅い。予算措置に向けて教育委員会へ理解を得るため、管理職と危機感を共有し、防災対策を進めていきたい。

　また、可能であれば保護者参加の避難訓練を提案したい。防災士取得のための講義では、災害時には自身を守る自助と助け合いの共助が欠かせないこと、避難所開設と運営には地域との連携、理解が欠かせないことを学んだ。避難所運営ゲーム（HUG）から始め、避難所での生活を事前に体験

しておくことは、実際の災害時の対応、その後の保護者の理解や共助に生かせるのではないか。近隣校と合同の避難訓練、警察や消防といった公的機関を巻き込んでの訓練など、学校同士や地域を結び付けた災害対策を支援し、規模を拡大して、教職員、保護者、地域とともに防災について考えていく場を作っていきたい。　　　　　　　　　　　　　　　　　（林　恒輔）

✎ 報告当日の受講生によるフィードバック

💬 吉見隆史さんからのフィードバック

　ある役所の避難訓練で、あまりに緊張感がないと市長が激怒し、訓練のやり直しをしたという出来事がありました。学校で行われている避難訓練は、子どもの教育活動として実施するので緊張感はあります。しかし、「避難訓練に疑問を持った」という記述にドキッとしました。訓練が短時間で実施できるよう雨の日は延期したり、事故のないよう前もって訓練の実施を知らせたりしたことがありました。雨の日を想定した訓練は必要ですし、訓練で事故が起こらないようにする適切な事前指導も大切です。設定自体にゆるみがなかったかと反省しました。発表にあったようなマニュアルや共通認識事項の確認など、本当に実際に起きたことのことを想定した訓練が重要だと、思いを新たにしました。防災士の資格も取得したとのことでしたが、今後の取組に生かしていただけるのではと思いました。

💬 佐川志保さんからのフィードバック

　気づきに基づく、子どもたちの命を守る素晴らしい計画だと思います。徳島県では愛媛県よりもさらに厳しい南海トラフ大地震による被害が想定されています。私が勤務した小学校では、防災頭巾が整備され、児童椅子等に備え付けられていました。また、避難訓練はそれ自体が目的にならないようする必要があります。

　発表後のブレイクアウトルームでは前任校での失敗談を話しました。その反省から、誰もが動くことができる体制の必要性に気づかされました。また、指示がなければ動かないことにも疑問を感じ、私も一歩を踏み出してみようと思いました。備品の確保、安全点検、マニュアルの確認等、どれもいざという時のために常に備えておくことは大切なことです。防災士としての視点もぜひ今後の取組に生かしてほしいです。

2 子どもが「通いたくなる」教室へ〜机と椅子の整備から〜

はじめに

　筆者は現在、学校事務職員として採用され5年目であり、現在勤務する阿波市立阿波中学校（湯藤義文校長）の勤務は2年目である。異動した年、筆者は数人の教員から「生徒の机と椅子を新しいものに買い換えてほしい」という相談を受けた。詳しく聞くと、落書きが彫られていたり、荷物を掛けるフックが取れていたり、木が剥がれて生徒が怪我をしたことがあるそうだ。机と椅子は生徒の学校生活における基本備品である。そのため筆者は、この問題を早急に対応すべき課題ととらえた。

　また、本校のめざす学校像は、「生徒が『通いたくなる学校』であり、保護者が『通わせたくなる学校』」である。筆者はこの学校像を達成するために、環境整備からのアプローチを考え、生徒用の机と椅子を充実させることをプロジェクトとして最初に取り組むことに決めた。

　まず初めに配当された備品費でなるべく多くの机と椅子を購入しようと試算した。しかし予算は、すべて机と椅子に費やしても、1学級分の生徒数に当たる程度だった。阿波中学校に在籍する生徒数は289名で、各学年3学級であり、机と椅子をすべて入れ替えようとすると、9年間かかってしまう。

　今回は、予算要望の手法や施設整備のあり方などを通して、行政職のスキルを身につけながら、このプロジェクトを実現させていきたい。具体的な取組としては次の通りである。

「起立」―まずは立ち上がり、やってみる

　まず初めに、全教室の机と椅子の状態をしっかり把握し、机と椅子を状態別に分類する。教員の力も借りて、机や椅子を①必ず入れ替えたい机椅子、②修理したら充分使うことができる机椅子、③使用可能な机椅子の3種類に分け、それぞれに赤・青・黄のシールを貼る作業を行う。このように分類することで、本当に必要な机椅子の数を把握することができ、限りある予算を有効に使うことができる。修繕材料の天板やフックは、消耗品で購入することができるため、備品費を使用せずに購入できる。また、天

板の付替え作業は、業者に依頼するなど、教職員の負担軽減についても配慮する。机と椅子を購入するだけでなく、まずできることからやってみたい。

「礼」―礼を尽くし、予算を要望する

　校長と相談して、すでに２年間、特別に要望している。その要望方法は、１年目は、「簡単な文章の要望書」と、ボロボロの机椅子の「写真」を資料として提出した。２年目は、「導入計画を加えた要望書」を作成した。提示した計画は、３年間ですべての机と椅子を入れ替え、各年必要な机と椅子の個数から金額を算出した。しかし、要望は通らなかった。このような経緯があり、３年目の要望は、「礼を尽くし、より具体的で説得力のある要望」となるよう資料を提示して説明したい。

　まず、予算要望書を作成する際に、教員にアンケート協力してもらい、筆跡そのままを資料として提示し、生の声を届けて必要性を感じ取ってもらうよう努力する。

　また、相談してきた教員は「他の学校はうちの学校のように酷くない」と話していた。その点についても裏付けるため、阿波市内の学校に協力してもらい、椅子と机の状況について調査したい。比較資料を作成して教育の公平性の視点についても可視化したいと考えている。

　併せて、すでに作成している「机と椅子の導入計画」の見直しを行う。「起立」の取組で机と椅子の状態を分類しているので、そこから、必要最低限の数と金額を算出し、先５年間程度の導入計画を新たに作成する。もちろん、机と椅子の整備だけでは、教育環境を整えられているとは言い難い。まずは、机と椅子に焦点を絞った計画書を作成し、そこから徐々に学校全体の教育環境を整えるための「備品整備計画」を作成したいと考えている。最後に、相手に響く説得力のある資料を作成するためには手腕が必要である。私自身が事務職員の先輩から学び、「学校財務の礼」とは何か、ノウハウを習得したい。

「着席」―腰を据えて継続する

　本校の備品台帳の整備状況は、備品の購入年月日が正しく記録されてい

ないなど課題がある。また、備品シール等が貼られていない備品もあり、適切な管理ができているとは言い難い。そのため、備品の耐用年数を考慮しづらく、本校の机と椅子はどれも大変古い状態である。今後、学校施設を最適な状態で整備していくために、備品の耐用年数も考慮した備品管理を行うしくみを作り、継続していく必要がある。

さらに、このような状況になった要因のひとつに、業務の多忙さ・煩雑さから備品管理に手が付かなかったということが挙げられる。備品管理をはじめ施設設備に気を配るためには、まず自身に時間のゆとりを生み出すことが必須である。今一度身の回りの整理整頓を行い、業務をスケジューリングし、職務の効率化を図っていきたい。

プロジェクトの抱負

どの教員も、「子どものために」という想いを持ち、相談に来る。筆者は、その教員の想いに寄り添えるようになりたい。

そして阿波中学校の子どもたちは、毎日大きな声で挨拶する素直で明るい子が多い。その子どもたちのために、事務職員としてできることを始めたいとこのプロジェクトを考えた。

また、このプロジェクトを通じて、教育環境整備のために各教室を実際に回り、これまであまり関わることができなかった子どもたちと接する機会を持つことを楽しみにしている。 （松野由季）

✏ 報告当日の受講生によるフィードバック

💬 佐川志保さんからのフィードバック

若い事務職員らしいとても良い計画です。発表でも感じましたが、本当に子どもたちのことを大切に思い教員の助けになりたい、という気持ちが伝わってきました。また、先生たちの協力が得られるのは、普段、松野さんが子どもたちや先生のために頑張っているからです。この「一緒に取り組む」ということが、実は取組を継続させるためにも、よりよい効果を得るためにも大事だと思います。もし取組途中で事務職員が異動になったとしても、その時の状況を知っている先生がいれば心強いです。それから、言うまでもないと思いましたが、古い机・椅子を状況別に把握していても、年度途中に新しいものが壊れたり、まだ大丈夫だろうと

思っているものが破損することはあります。特に、古いものであれば壊れるペースは速いので、必ず予備の数量は必要です。松野さんが生き生きと頑張る姿が思い浮かぶようでした。応援しています。

🗨 大天真由美さんからのフィードバック

　教員から出てきた困り感に向き合う机と椅子の整備、毎日子どもたちが使う備品ですからとても大事ですね。実は、美咲町でも共同学校事務室で整備に取り組んでいます。町内の学校に調査をして、整備方針を検討し、優先順位を教育委員会に提示して、実施に至る方針を教育委員会に決めていただくという方法です。

　松野さんも書かれているように、自校だけでなく、市内の学校状況を知ることで、エビデンスと教育委員会の覚悟も促せるのではないかと思います。それぞれの自治体で実態は違うと思いますが、手法は共通していると思います。ぜひ、調査結果を管理職間でも共有していただき、理解を進めていただくとよいのではないでしょうか。

　このような計画を出されたら、事務長もやりがいを感じることと思います。私も参考にさせていただきたい計画でした。これからも応援しています。

3　ICTの有効活用に対する事務職員の支援

はじめに

　高松市では現在、GIGAスクール構想のもと、全小中学校への一人一台のタブレット端末の配置、校内無線LANの設置、全普通教室への電子黒板の整備が進められており、筆者が勤務する高松市立木太南小学校（真鍋康秀校長）でも令和２年度中の整備完了が予定されている。校長は、令和３年度に向けた教育目標において、ICTの活用による学習指導や家庭学習の工夫、教職員の働き方改革を掲げている。全児童が日常的にICTを利用することにより、授業方法や学校生活が大きく変化することが予想されるなかで、筆者は、ICTの有効活用に対して、事務職員も何か貢献できることがないか模索している。これは、前々任校で校務支援システム導入に携わった経験、また、前任校での財務事務において電子黒板の導入やプログラミング教育教材の選定・購入に携わった経験によるものである。こうし

た経験を本校でも活かしたいと考えている。

　また、コロナ禍における教育活動の変化も前述の思いを強くした要因である。コロナ禍で本校の学校行事の多くは中止または学年を分けての分散開催を余儀なくされた。保護者や地域の方々の参観に関しても来校人数を制限しての実施となっている。日々の電話対応では、「保護者が参観できる行事はないか」「この行事は参観できるのか」という保護者・地域からの問い合わせが多い。また、自身の小学生時代を思い出し、学校行事で活躍する姿を家族に見てもらうことや下級生が上級生とともに活動することの重要性を考えると、コロナ禍であってもできる限りこのような経験をしてほしいと感じる。

　以上のことを踏まえ、ICTを最大限に活用することによる、時代の変化に対応した豊かな学びを実現することを目標に設定した。目標達成への取組計画を以下で説明する。

目標達成への取組
(1)使用教材の変化への対応
　ICTによって新たな学習支援ソフトの活用が始まる。これは、財務面や学校徴収金事務に大きな変化が予想される。ハード面の環境整備は主に市教委が中心となって行われるが、学習支援ソフトの購入などは各校の配当予算での整備が必要となる。教員と協働して、豊かな学びのための予算措置をする必要がある。また、消耗品使用量の削減、印刷物の減少によって予算費目の執行配分も変化する可能性がある。使用教材の変化によって教材負担額の削減が実現できると思われる。

(2)教員が授業に集中できる環境づくり
　本校では、ICT機器の管理、操作説明、修理手配などの保守対応を学級担任でもあるメディア教育主任が一人で担っている。学級担任であるため、状況によっては授業を止めて対応している。職員室で職務をしながら筆者は、教員が授業に集中できるように、この状況をなんとか改善できないかと感じている。令和3年度から、膨大な数の端末が配置されネットワーク環境も複雑となり、各端末の操作や保守に対する対応の増加が想定される。普段から物品管理や業者との連絡調整を行っている事務職員の専

門性をこの膨大なICT機器の管理に活かしていきたい。

(3)コロナ禍における学校行事の工夫

　本校では現在、コロナ禍における学校行事の開催形式を再検討している。それは、GIGAスクール構想で導入されるICTによって、体育館から各教室へ遠隔会議システム（Zoom）を活用した同時中継の実現である。この実現のための話し合いに加わっている。研修会等で遠隔会議システムを積極的に活用していた筆者は、実現した場合には、職員室でのホスト役、事前の操作説明、操作マニュアルの作成、行事中の端末トラブルへの対応などを担うことができる。将来、環境が整えば、保護者や地域の方々が自宅から参観することも可能となる。その際にも、子どもたちへの倫理的配慮、個人情報保護、ミーティングID管理などの危機管理（セキュリティ）に関する対応や保護者からの問い合わせの窓口を担うことができる。

取組にあたって

　筆者は教員と連携してプロジェクトに取り組みたいと考え、普段は教員のみが参加する校内研修に参加した。内容は、市教委担当者と先進実践校から講師を招いてのICTの有効活用に関しての研修であった。研修を通して、令和３年度から子どもたちが、鉛筆や消しゴム、ノートと同じようにタブレットも日常的に持ち歩き、授業以外でも日常的に触れることの重要性や先進実践校の取組を学ぶことができた。教員と同じ課題意識や目標を持つことができたと実感している。

　現在、事務職員の職務内容は大きく変化している。法改正により「事務をつかさどる」と変更され、学校経営、カリキュラム・マネジメント、地域協働への参画が求められている。これらに向かっていくうえで大事なことは、日々の気づきへの積極的な関わりである。「事務職員には関係ない」という壁を作ることなくチーム木太南の一員として積極的に関わっていくことで、事務職員が子どもたちの幸せに貢献できると考える。そしてそれが、事務職員としてのやりがいや充実感につながっていく。

　また、GIGAスクール構想によって、令和３年度からの学校は大きく変わる。全児童がタブレットを持ち、ネットワークでつながる学校。これは学校教育の大きな転換であり、全教職員が経験したことのない未知の世界

である。現在は、取組への準備段階であるため、取組内容も変化していく可能性がある。実際に、校内研修に参加することにより、新しい学びと気づきがあった。今後も教員と連携しながら、事務職員ならではの気づきを大事にして、ICTを有効活用した豊かな学びの実現に貢献していきたい。

（杉上厚史）

✒ 報告当日の受講生によるフィードバック

💬 四方眞由美さんからのフィードバック

　ICTの有効活用について、事務職員からも積極的に関わろうという姿勢が素晴らしいと思います。学校ではICT活用が始まったばかりで、進めていく度に改善点の発見、対応の繰り返しが続きそうです。その中で、関係教職員との連携が十分に取れており、学校としてのチーム力を感じました。私の学校でも、事務職員としてできる部分を探し、行動したいと思います。

💬 大天真由美さんからのフィードバック

　今の時代に求められる人材ですね。ICTやプログラミング教材の導入に前任校で関わり、経験を積んでこられたことがチャンスとなり今後に生かされますね。積極的に取り組み、できることを発信していくことが大切です。目標達成に向けて取組を進めていける力をもっていると思います。「日々の気づきへの積極的な関わり」の考え方は、いくつになっても大事です。GIGAスクール構想も学校内のハードやソフト整備を全教職員で取り組むべきものと考えています。杉上さんの強みを生かして学びを深め、教育支援と働き方改革に貢献していってください。さらに取組を共同学校事務室で共有していくことで、地域の事務職員の見本となり、良い影響が表れるのではないでしょうか。

4　子どもたちの豊かな学びを支援する財務運営

はじめに

　京都市では、特色ある学校園づくりを推進するため、予算項目の枠にとらわれず、校園長の裁量により重点的に執行できる総額裁量制度を採用し、その対象事業は申請により費目調整を行うことができる。筆者が勤務する京都市立衣笠中学校（諏佐憲治校長）は、学校教育目標に「自立・共

生・感謝」、指導の重点として「小中一貫教育の視点を生かした確かな学力
をつける授業づくり」を掲げ、教職員一丸となり取り組んでいる。また、
月１回、学校経理の日を設定し、校内の財務全般について管理職や関係教
職員と情報を共有し、執行状況の把握・分析・評価や学校教育目標に沿っ
た効果的な財務運営について協議している。筆者は、小学校に７年間勤務
後、中学校へ異動した直後の学校経理の日で、財務運営についての課題を
管理職と共有した。例年、年度後半に物品の購入が集中する傾向にあり、
管理職として学校経営を考える上で、計画的な予算の執行を進めたいとの
思いがあった。さらに教材室を確認すると、教材DVDやデジタル教科書等
は充実しておらず、教員は一から資料を集める等授業準備に時間をかけて
いる。中には教材DVDの購入を希望する教員もいるが、配分された予算が
少ないので諦めたという。一方で、学級活動等で使用する文具類は十分な
数がそろっており、予算の配分に偏りがある印象を受ける。また今年度は
GIGAスクール構想が前倒しで導入され、全小中学校に１人１台タブレッ
トが配備されたことに加え、中学校は令和３年度から新学習指導要領が実
施され、使用する教材を更新する時期となる。

　今回のプロジェクトでは、教職員の財務に対する意識を向上させ、教育
活動に貢献するべく積極的な財務運営を目指す。さらに、予算配分を検討
し計画的に執行することで教材DVDの更新やデジタル教科書等の導入を
進め、子どもたちの豊かな学びの実現に向けて、財務面から支援すること
を目的とする。

取組
⑴年度当初での予算執行計画作成
　京都市では総額裁量制をとるため、年度当初に校内予算配分を行う。ま
ず、「当年度配分の予算は原則として当年度の教育活動に活用することと
し、計画的に執行すること」を再確認する。学校教育目標や指導の重点と
照らし合わせながら、前年度の予算要求を参考に、分掌ごとに当年度執行
計画を作成する。この執行計画を基に分掌担当にヒアリングを行い、当年
度予算配分を決定する。

⑵学校財務の「見える化」

本校では教職員が担当分掌の予算執行を行うため、配分された予算額・執行状況・現在の予算残高等の情報共有が必須となる。そこで、①当年度予算配分書の配布に加え、再作成した執行計画を校内共有フォルダで共有する、②京都市で導入・運用している「校内予算管理システム（以下、校内予算管理Ｓ）の一目でわかる使い方」を作成し教職員に配布する。誰でも校内予算管理Ｓを扱えると、財務担当者が不在でもリアルタイムで執行状況照会が可能となる。

⑶教職員の財務意識の向上

全教職員が財務の理解を深めるために、校内研修に「学校財務」枠を設定し、ミニ研修を行う。その内容は、①学校教育に支出するお金のうち、公金は税金が財源であり、適正な執行と説明責任が伴うこと、②財務は教育を充実させるために欠かせないこと等基本的事項の他、興味を持ちやすい内容を盛り込む。例えば、③消耗品の一括購入や見積合わせを工夫すると余剰を生み出せるため備品購入等につながることや、④予算執行が早くなれば見通しが立ちやすく補正予算の迅速な対応ができること等である。ミニ研修後、教職員にアンケートを依頼し分析することで現状や新たな課題を把握する。

財務運営の「見える化」と理解を進めていくことで、教職員は予算執行を安心して進め、財務運営者は校内予算管理を計画的に進めることができる。また将来的には予算執行の窓口を事務室にすることで、教員の予算執行にかかる時間を削減し、教員が生徒と向き合う時間を増やしたいと考える。

⑷予算委員会を活用した学びへの支援

予算委員会を活用して、生徒たちの学びを支援するため財務面から積極的に協働する。分掌からの要求を基に構成する配分予算・予備費に「教材更新費」の費目を設け、教材の計画的な更新を進める。配分された予算内で執行することが原則だが、教材の更新に限り、予算委員会で承認が得られた場合、追加予算が認められるようにする。承認には、予算要求者の説明の他に、予算委員会による授業参観を組み入れ、指導の重点に沿っているかを判断の基準とする。戦略的に予算を確保することで、生徒たちの豊

かな学びを財務面から支援したいと考える。

取組にあたって

　京都市は総額裁量制のもと、予算が配分され、申請による費目調整ができる等柔軟な対応が可能である。つまり、校園長の裁量と責任が大きいことから、学校財務に関わる教職員のやりがいも大きい。学校財務を適切に運営するため、学校経理の日や予算委員会が設定され、管理職や関係教職員の学校財務への理解は浸透してきている。ただ、配分された予算が計画的に執行されない場合、執行状況の見通しが立てられず、補正予算等に対処できないことがある。学校教育目標を達成するため、予算委員会等を活用した積極的な財務運営を進めることで、教材DVDやデジタル教科書等の充実を図り、生徒の興味を引き出し確かな学力をつける授業づくりに支援し、生徒たちの学びに貢献したい。普段から授業を参観し、生徒や教職員と対話することで、生徒や授業者の困りに気づくことができ、事務職員の視点から、教育を支援する授業づくりへの提案を行うことができる。「生徒の学びを支援するために何ができるか」を念頭に学校運営に関わり、「笑顔で過ごせる学校づくり」に教職員と協働したい。　　　　　　　（四方眞由美）

✏ 報告当日の受講生によるフィードバック

🔊 吉見隆史さんからのフィードバック

　年度後半に物品購入が集中する傾向は、往々にして現場で見られるものです。教員の予算に対する認識が十分でないことが一因ではないかと考えます。「分掌担当へのヒアリング」「校内予算管理システムの構築」「ミニ研修」等、まさに啓発の活動になっていると感じました。特に「ミニ研修」は、少しずつ認識を深めていく上で効果的な取組となるのではないでしょうか。

　「財務の目的」「余剰を生み出すための備品購入のあり方」「予算執行と補正予算の迅速な対応」等は、普段教員にはあまり意識されていない分野なのではないかと思います。だからといって、校内研修のテーマとして取り上げても、なかなか理解されないことが予想されます。無理なく少しずつ回数を重ねて理解の幅を広げていくことにより、現実を変える力になるのではないかと思いました。

> ### 💬 佐川志保さんからのフィードバック
>
> 　京都市の財務運営の状況は徳島とはかなり違うので、よく理解できていない部分もありますが、教員に計画的に財務執行してもらうというのは大変だろうなと思いました。また、小学校から中学校へ異動し、そこで感じる違いというのも、私自身同じような経験があるので、よく理解できました。
>
> 　校内研修の実施も、予算委員会の活用も、とても良いと思います。きっと教員とも管理職や運営メンバーともつながりができるはずです。しかし、覚悟と労力が必要です。それでも、やろうという意志の強さが四方さんの力であると確信しています。また、四方さん自身が目指すところまで実現させることを期待しています。
>
> 　経験年数からも、この計画にチャレンジするのは、とても良い機会になると思います。応援しています。四方さんの頑張ろうとする気持ちに、私も励まされました。

5　スクールビジネスプロジェクト学習プロジェクトの成果検証

　スクールビジネスプロジェクト学習の成果（アウトカム）は、次の通りである（表1）。以下では、成果が達成できたか否か、達成を促進した要因は何かについて検証を行いたい。

表1　スクールビジネスプロジェクト学習の成果

【全ての学校事務職員】 ・研修を受けて、取り組みたいプロジェクトのイメージが豊かになりましたか ・研修を受けて、プロジェクトの鑑識眼は高まりましたか ・研修を受けて、プロジェクトマネジメント能力は高まりましたか 　※目標設定力は高まりましたか 　※取組力（賛同の獲得方法、先進事例の探索方法など）は高まりましたか 　※成果検証力は高まりましたか 　※教訓化力（他の場面でも適用できる法則の発見力）は高まりましたか 　※スクールビジネスプロジェクトの思考の流れに沿ったプレゼンテーション力は高まりましたか 【経験年数10年前後以上の学校事務職員】 ・研修を受けて、メンタリング能力は高まりましたか

スクールビジネスプロジェクト学習の実際

　参加者の人数は、学習評価（学習の成果とプロセスの見取り）の観点から約20名を想定して募集した。最終的に、22名（うち、メンター：11名、

メンティー：10名、オブザーバー：1名）が参加した。また、今回は、ス
クールビジネスプロジェクト学習でのプレゼンテーションを基に、テキス
ト『スクールビジネスプロジェクト学習―子供たちの幸福な近未来を創造
する学校事務職員（スクールビジネスリーダーシップ研修テキスト2）』
（本書）を編集することとした。「スクールビジネスリーダーシップ論」は、
表2に示す日程で実施された（受講料は無料）。

表2　スクールビジネスプロジェクト学習の日程

	日程	研修の内容
1	10月8日	グループだよりを活用した学校間連携促進
2	10月15日	教育活動の活性化を目指す学校財務の取組
3	10月22日	新規採用事務職員の成長を促す共同実施の取組
4	10月29日	学校事務職員の業務改善による学校の業務改善
5	11月5日	コロナ禍における環境整備
6	11月12日	学校給食費の公会計化実現を目指した取組
7	11月19日	学校のマネジメントモデルの転換と事務職員
8	11月26日	財務アプローチによる校内情報引継体制構築
9	12月3日	共同学校事務室運営の工夫と実践
10	12月10日	バーコード管理から始まる図書室改革
11	12月17日	地域連携担当教員による学校改革
12	1月7日	経済的困難を抱えた子どもの就学支援と学習支援／徳島型連携メンター制の取組
13	1月14日	独自カリキュラム「よごふるさと科」への参画／コロナ禍における事務グループの挑戦
14	1月21日	学校事務体制の改善／共同学校事務室を核にした学校改革
15	1月28日	教育環境整備／共同学校事務室の制度化
16	2月4日	プロジェクト計画発表
17	2月18日	プロジェクト計画発表
18	2月25日	実践報告のフィードバック

　無理なく継続的に参加できるよう、受講時間は、サードタイムと言われ
ることもある平日の勤務終了から自宅での生活の間の中間的な時間、17時
30分〜19時00分とした。学校における働き方改革、ICTの進展などによっ
て、この時間を活用した学校という枠を超えて行われる学習である「越境
学習」（中原、2021）が近未来における教職員の研修の中核となっていくと
考えたからである。

多様な視点を生かした運営を推進するため、講師（藤原文雄：国立教育政策研究所）に加え、プログラムの円滑な運営に向け調整する「プログラムコーディネーター」（谷明美：勝浦町立横瀬小学校）、出席管理を行う「アテンダントオフィサー」（増田真由美：京都市立上賀茂小学校）、外部の人に報告依頼などを行う「リエゾンオフィサー」（佐川志保：北島町立北島中学校）、査読に関する編集を行う「エディター」（吉村由巳：愛南町立平城小学校）というポストを設けた。

　さらに、12回目以降、研究者の立場からプロジェクト報告の執筆についてアドバイスを行う「学術コーチ」（久我直人：鳴門教育大学、福嶋尚子：千葉工業大学）というポストを新たに設け、計7名の共同で運営することとした。参加者に対する7人のアドバイスについて、一定の統一性を確保するため、アドバイスを行ったメールを共有し、議論するなどの工夫も取り入れた。また、目標設定—取組—成果検証—教訓化といったプロジェクト学習を自律的に進めることが難しい参加者も見受けられたことから、メンターとメンティーが対話しつつ、リフレクションを行う際のツールとして、スクールビジネスプロジェクト学習リフレクションシート（表3）を作成した。

研修の成果と充実のための促進条件

　研修の成果と充実のための促進条件を探究するため、受講生による中間評価と最終評価についてのアンケートを実施した。どちらも、Googleフォーム（アンケート実施ツール）を使用して、調査結果を分析し、論文などで引用することについて承諾を得るとともに、2021年2月25日に本稿をフィードバックするなど倫理的配慮を行った。

(1)中間評価

　研修の改善に資するべく、8回目（11月26日）の講義が終了した後に、それまでの講義を通じた研修の成果と受講生から見た講義の改善点を調査するため受講生を対象にアンケート調査を実施し、15名（回答率：68.2％）の回答を得た。

　まず、「研修は、有意義な学びの機会となりましたか」という質問に対しては、13名（86.6％）が「とてもそう思う」、2名（13.3％）が「まあまあ

表3　スクールビジネスプロジェクト学習リフレクションシート

スクールビジネスプロジェクト学習　リフレクションシート	
スクールビジネスプロジェクト学習は、誰かに教わるという学習スタイルではなく、本人自身が主体的に経験から学び成長する学習スタイルです。目標設定－取組－成果検証－教訓化という4つのプロセスを丁寧に進めていきましょう。プロジェクト報告においては、最も大切な「成果検証」及び「教訓化」について、必ず書くようにしましょう。なお、メンターとメンティーが同一の共同学校事務室に所属している場合などには、メンターの挑戦が成功するよう、メンティーは積極的に業務支援を行いましょう。	

	ステージ	問いかける言葉
1	目標設定(目指したこと) ※プロジェクトにおける「はじめに」	・なぜ、そのプロジェクトに取り組みたいのですか ・教育委員会や学校の方針とつながっていますか ・子供たちに役立つプロジェクトなのですか ・あなたの持ち味はどう生かされていますか
2	取組(挑戦したこと) ※プロジェクトにおける「取組」	・どのようなことに誰が取り組みましたか ・その取組の新しさは何ですか ・取組の山場はどのような時でしたか ・苦労したことはどのようなことでしたか
3	成果検証(挑戦した結果) ※プロジェクトにおける「成果」	・プロジェクトは成功しましたか。証拠は何ですか ・関係者はプロジェクトについてどう評価していますか ・うれしかったこと、悲しかったことは何ですか ・自分にとってプロジェクトはどのような意味がありましたか
4	教訓化(分かったこと) ※プロジェクトにおける「おわりに」	・今回得られた教訓のポイントは何ですか ・プロジェクトを楽しみましたか ・他の似た状況でも応用できるような法則を発見できましたか ・次はどのようなことに挑戦したいですか

そう思う」と回答した。

　最も学んだことについて質問し、データマイニングしたところ、名詞としては、「実践」「評価」「知識」「ルーブリック」「プロジェクト」などの出現頻度が高かった。例えば、「目標を定めて実践することの重要性と、実践の評価について。これまでは、思いつきでさまざまなことをしていた。結果、役に立ったなと思えたし周囲からも喜んでもらえたが、十分な振り返りやその次のステップを考えずに実行あるのみだった。成果や効果、課題なども含め、子どもたちの豊かな育ちという視点を通して考え実行するということが重要であることを学んだ。また客観的な評価方法についても大変勉強になった」など、これまでの「実践」「評価」を見直す記述や、「『学び』とは、一方的に教えてもらうことではない。異物を受け入れ、知識を組み換えて良質なものに高めていくこと」など、知識観が構成主義的な視

点に転換したことを示す記述、「ルーブリックが非常に勉強になりました。プロジェクトを行う理由（それを行うに足る大義があるのかどうか）の設定や実践の検証など、それぞれでお互いに評価し合えるので、事務研などでも活用することでいい学び合いになると思いました」など、プロジェクトを推進するツールとしての「ルーブリック」の有効性を指摘した記述、「一人職で、日々の業務に慣れてくると、今の環境が居心地良く、向上心がなくなってしまう。これを避ける仕組みづくりが必要。そのためにも、今回のようなプロジェクト学習はすごく刺激的」といった「プロジェクト」学習の意義についての記述が見受けられた。

　このように、中間評価の時点では、プロジェクト学習の意義が高く評価される結果となった。他方、改善としては「Zoomの中で参加者をさらに少人数のグループに分けて、プロジェクトの内容について、協議する時間があってもよい」など、より発言しやすい仕組みの導入、また、メンターとメンティーというペアでの参加が生かされていないといった指摘がなされた。これらの改善点を受け、Googleジャムボード（電子ホワイトボード）、Zoomのブレイクアウトセッションなどの活用を進め、メンターの役割について解説するなどの改善を行った。

(2)最終評価

　研修の成果を検証するために、第15回の講義終了後、研修の全過程を振り返っての成果などについて受講生に調査を実施し、20名（回答率：90.9％）の回答を得た。本調査では、「とてもそう思う」「まあまあそう思う」「どちらとも言えない」「あまりそう思わない」「全くそう思わない」の五件法を採用した。すべての五件法質問項目において、「とてもそう思う」又は「まあまあそう思う」と回答した者は8割を超えているため、以下では、「とてもそう思う」と回答した群を肯定群と見なし、分析を行う。

　まず、「研修は、有意義な学びの機会となりましたか」という質問に対しては、19名（95.0％）が「とてもそう思う」と回答しており、受講生にとっての意義があったことが確認された。「最も学んだこと」について自由記述を求めたところ、(1)学校事務職員・仕事観の転換、(2)学習観の転換、(3)学校事務職員としてのレパートリーの拡大に関する記述が多く見られた。例えば、「自分自身が今まで持っていた『学校事務職員の使命に対する思い込

み』の大幅な修正と、チーム学校としての役割の認識」「他都市の状況との
比較を通じて、自ら学ぶことを学びました。研修は教育委員会から一方的
に与えられるものと考えていたのですが、自分で学びを深めていくべきも
ので、先進事例等参考にできることや先輩方の取組を参考にしてもいいこ
とや、どこの学校でも事務職員が困りと考えている事は起こりうること、
つまり、他校の事務職員と共有可能であることが分かりました」「学校事務
職員は庶務をするだけではなくて、子どもたちのため、学校のために働く
必要があることを強く実感し、その術を学んだ」といった記述である。こ
うしたことから、「観」というレベル及び「スキル」という二つの次元で省
察が進んだことが分かった。

　また、「これまでの研修内容や研修方法について、良かった点、改善点や
要望」について自由記述を認めたところ、(1)少人数討議の意義、(2)経験年
数、所属都道府県、職種の異なる人との出会いの意義、(3)時間に関する記
述が多く見られた。例えば、「毎回の講義について、事前課題の予習と講義
を受けてのリフレクションを行うことで学びにつながったと思います。
Zoomのブレイクアウトルームの機能を使用しての少人数でのディスカッ
ションも有意義だったと思います」「他県の現状を視察に行くことなく知
ることができたこと」「研修時間については、当初1時間と聞いていたの
が、ほとんどの回で2時間程度だったのが負担でした」「プロジェクト発表
内容について、もっと時間をかけて協議してほしい。1回の講義で2本の
プロジェクトを議論することはきびしかった。ブレイクアウトルームでの
協議がなかなか深まらなかった。Googleジャムボード（電子ホワイトボー
ド）で記録を残すと、振り返りにつながるのではないか」といった記述で
ある。こうしたことから、多様性に満ちた対話が有意義であること、そし
て、受講生にとって時間の流れが重要であること、「経験年数5年目前後」
の若い学校事務職員の一部には受講時間の長さを課題に感じる人もいるこ
とが分かった。

　以上は、研修内容や研修方法についての受講生からの評価についての分
析であったが、次は、連絡、教材配信、受講時間など研修の運営について、
受講生からの評価について分析を行う。「研修の運営は、適切でしたか」と
いう質問に対しては、14名（73.7%、1名未回答）が「とてもそう思う」と

回答しており、受講生にとっての運営が適切であったことが確認された。「研修の運営について、良かった点、改善点や要望」について自由記述を求めたところ、「定期的な資料配信やサードタイムの設定など、無理なく続けられるよう工夫された運営だった」「夕方５時30分という仕事からスライドできる時間設定が良かったです」など時間を中心とした研修の運営を評価する意見が多かった。他方、「同世代同士のグルーピングを早めにしてほしかった。若手が発言しやすく、フォローするべきだった」など世代毎の議論を尊重する必要性についての記述も見られた。

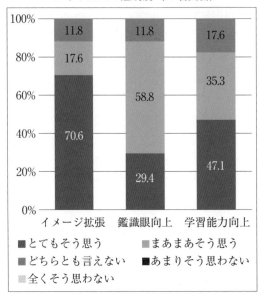

図4　スクールビジネスプロジェクト学習の
　　　アウトカムの達成度（17名回答）

続いて、受講生の中でも学校事務職員18名を対象（うち、１名が研修の成果については未記入）として、スクールビジネスプロジェクト学習の成果に示す研修成果（表１）について調査を実施した。その結果を図４及び図５に示す。

「プロジェクトイメージ拡張（研修を受けて、取り組みたいプロジェクトのイメージが豊かになりましたか）」「鑑識眼向上（研修を受けて、プロジェクトの鑑識眼は高まりましたか）」「プロジェクトマネジメント学習能力向上（研修を受けて、プロジェクトマネジメント能力は高まりましたか）」のうち、「プロジェクトイメージ拡張（12名、70.6％）」については一定の高い成果が認められた。他方、「鑑識眼向上（５名、29.4％）」「プロジェクトマネジメント学習能力向上（８名、47.1％）」という結果であり、十分に高い成果は認められなかった。

図5　プロジェクト学習マネジメント能力の向上（17名回答）

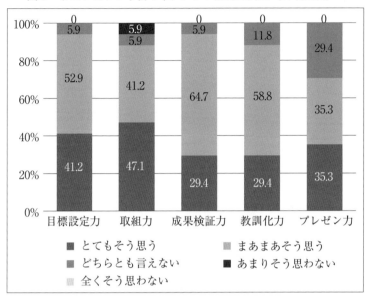

「プロジェクトマネジメント学習能力向上」については、さらに細分化して質問を行ったところ、「目標設定力（7名、41.2%）」、「取組力（賛同の獲得方法、先進事例の探索方法など）（8名、47.1%）」、「成果検証力（5名、29.4%）」、「教訓化力（他の場面でも適用できる法則の発見力）（5名、29.4%）」、「スクールビジネスプロジェクトの思考の流れに沿ったプレゼンテーション力（6名、35.3%）」という結果を示し、各項目においても十分に高い成果は認められなかった。特に「成果検証力」「教訓化力」は低い成果を示しており、これらの評価の低さが「鑑識眼向上」の評価の低さにも通じていると言えよう。これらの力は、学校事務職員の日常的業務に対してなじみが薄かったのだろうと推測される。なお、「スクールビジネスプロジェクトの思考の流れに沿ったプレゼンテーション力」は「どちらともいえない」との回答が最も多かった（5名、29.4%）が、属性を見ると、研修の中で報告や発表を行う機会がない受講生がこのように回答していた。

　本講座に先立って試行した「スクールビジネスリーダーシップ論」は、教職課程における教職の意義等に関する科目に相当するものである。「ス

クールビジネスリーダーシップについての意義に理解を深め、目指す学校事務職員像を確立し、今後の学習計画を立案できるようになる」ことを狙いとし、①学校像、リーダーシップモデルの転換と学校事務職員、②英国におけるスクールビジネスマネジャー、③学校事務職員、事務長の人材育成、④教育委員会、学校事務職員、事務長の実践事例などについて学習を行った。研修のアウトカムは、(1)学校事務職員の意義の理解と誇りの形成、(2)学校事務職員に求められる資質・能力及び意欲の理解、プログラム概要、学習方法の理解、(3)目指すべき学校事務職員像の確立と自己の学習課題の把握である。「スクールビジネスリーダーシップ論」においても、図6に示すとおり、「学校事務職員の意義の理解と誇りの形成」を除けば「とてもそう思う」と回答した割合は4割を下回っており、「スクールビジネスプロジェクト学習」の検証結果とほぼ同様の成果と言えるだろう。

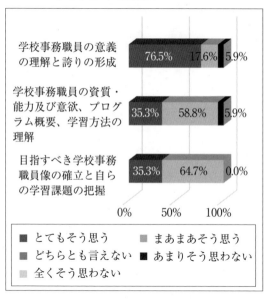

図6　スクールビジネスリーダーシップ論の
アウトカムの達成度

学校事務職員の意義の理解と誇りの形成　76.5%　17.6%　5.9%

学校事務職員の資質・能力及び意欲、プログラム概要、学習方法の理解　35.3%　58.8%　5.9%

目指すべき学校事務職員像の確立と自らの学習課題の把握　35.3%　64.7%　0.0%

0%　50%　100%

■ とてもそう思う　■ まあまあそう思う
■ どちらとも言えない　■ あまりそう思わない
■ 全くそう思わない

　続いて、本講座において、受講生の研修成果を高めるために導入した仕組みの有効性についての評価を行う。ICTを活用した学習履歴の蓄積と共有、協調学習支援ソフトなどの有効性は既に、自由記述の分析で確認されている。以下では、メンタリング、ルーブリック・リフレクションシート、査読の有効性について、受講生の評価及び、受講生の研修成果に関する自己評価とそれらの仕組みの活用度・有効度認識の間のクロス集計によって分析を行う。

■メンタリングの有効性

　まず、メンタリングシステムについての検証を行う。メンティー（9名中8名が回答）は「メンタリングはあなたにとって有意義でしたか」という質問に対しては、5名（62.5%）が「とてもそう思う」という肯定的な回答をしている。「メンターから受けたメンタリングのうち、最も有意義であったこと」について自由記述を求めたところ、以下のように、言語化支援効果、後押し効果、価値付け効果などの効果が感じられていることが分かった。例えば、「一人では考えが煮詰まってしまうが、メンターという味方がいるだけでも、煮詰まらずにブレイクスルーすることができた。また、プロジェクトに対する自信が持てないときに背中を押してくれる言葉掛けがあった」「分からない部分について、こちらの状況も理解してくださった上で、丁寧に教えてくださいました。鋭い指摘とともに、励ましをしてくださっていた事、お忙しいにもかかわらずすぐに返信いただき、思考を止めずに取り組めたこと、なかなかプロジェクト計画が形にならず困らせていたのですが、根気強く対応していただき、自分の抱える一番の詰まり部分を取り除いてくださいました。ようやく、自分を客観的に見ることができるようになりました（少しですが）」「なんとなくの気持ちを言語化する手助けをしてもらったこと。また、必死に過ぎ去った日々の中の私の行動に価値付けしてくれたことによって、改めて自分の役割や貢献について理解することができた」といった記述である。

　また、受講生の研修成果に関する自己評価とメンタリングの有効度認識の間のクロス集計によって分析を行ったところ、全ての成果指標において、メンタリングの有効性について「とてもそう思う」というメンティー（5名）のほうが「どちらともいえない」というメンティー（3名）よりも効果を高く認識している。例えば、前者においては「プロジェクトイメージ拡張」成果を5人全員が感じているのに対し、後者の場合には1人しか感じていない。また、後者は自由記述でメンタリングを「特に受けていない」と回答していることから、メンターが遠慮せず気楽にメンティーに働きかけていくことが重要であることが示唆される。

　他方、メンター（11名中10名が回答）は「研修を受けて、メンタリング能力は高まりましたか」という質問に対しては、「とてもそう思う」という

肯定的な回答をしたのは1名（10.0％）のみにとどまった。「支援を行う上で苦労したことについて自由記述を求めたところ、メンティー理解、モチベーション向上、教えすぎの危険性、メンティーに必要な支援、メンティーにメンターを受容してもらうこと、などに関する課題を感じていたことが分かった。

　例えば、「メンティーの意見を重視し、よりよい方向へ向かえるよう支援した。いつも一緒にいるわけではないので、メンティーの多忙さなどについて理解が十分でなかった」「どうしたらやる気が出るのか、どうしたら自信を持って前向きになれるのか、自治体が違うので手法が自分の経験知と異なることを意識しながらアドバイスすること、業務改善は前任者に対する倫理的配慮をしつつ、新たな挑戦をしなければいけないというジレンマがあること」「話し言葉と書き言葉の違いや言いたいことや思っていることを言葉にする時のそれぞれがもっている言葉の数が違うため、メンティーから引き出そうと思ってもついつい教えてしまうことになった」「助言を求められた際、メンティーにとって何が必要なのか考え判断することにとても苦労しました」「興味を示しながらも、校務の多忙に振り回されている様子がみられ、この研修が長期的な視点でみた、自分を成長させるカギなのだと分かってほしいジレンマに襲われていた。日々の業務を少し工夫することで、時間を作るというメリハリを理解してもらうことの難しさ」「メンティーがプロジェクト計画を希望しなかったので、ほとんど支援することがありませんでした。もう少し研修を受けてどう感じているか、聞いてみればよかったです」といった記述が見受けられた。

■ルーブリックとリフレクションシートの有効性

　本講座では、学校事務職員のためのプロジェクトにならないよう、また、成果を検証し教訓化することを通じて成長できるよう、プロジェクト学習プロセスにおけるリフレクションを支援するため、ルーブリックとリフレクションシートを作成した。中間評価における自由記述では、その有効性が数多く指摘されていたルーブリックであったが、最終評価においては、「あなたは、プロジェクト学習を進める上で、ルーブリックを活用しましたか」という質問に対して、1名（5.9％）のみが「とてもそう思う」と回答する結果にとどまった（図7）。また、講座の後半に導入したリフレクショ

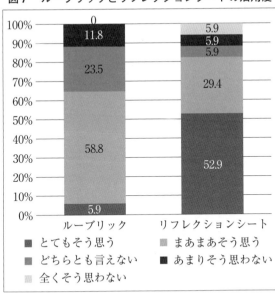

図7　ルーブリックとリフレクションシートの活用度

（グラフ内の凡例）
■ とてもそう思う　■ まあまあそう思う
■ どちらとも言えない　■ あまりそう思わない
■ 全くそう思わない

ンシートの活用については、９名（52.9%）が「とてもそう思う」と回答するにとどまっており、十分に活用されたとは言えない（図7）。

受講生の研修成果に関する自己評価とルーブリックとリフレクションシートの活用度認識の間のクロス集計によって分析を行ったところ、ほぼすべての成果指標において、活用群（活用について「とてもそう思う」又は「まあまあそう思う」と回答した者）のほうが「非活用群（それ以外）」よりも、効果を高く認識していることが分かった。例えば、「プロジェクトマネジメント学習能力」について、ルーブリックの「活用群」11名のうち、7名（63.7%）が成果があったと評価している一方、「非活用群」6名のうち1名（16.7%）だけが成果があったと評価している。

■査読の有効性

「査読を受けてよかったですか」という質問に対しては、全員が「はい」と回答しており、大きな効果を持つことが確認された。「査読を受けてよかったこと」について自由記述を求めたところ、内省支援効果や価値付け効果などの記述が見られた。例えば、「多様な視点から原稿を評価してもらえた。またより良くなるためのアドバイスにより（困難はあったが）最終的に良いものができたのではないかと思う」「論文を書くのが初めてだったので、新しい世界を知れたこと。自分の主観や価値観だけでなく、他者の客観的評価やとらえ方を知り、調べたり、振り返ったり、対応すること

でさらに成長できる実感が湧いた」「自分は分かって表現しているつもりでも、他の人には理解できないことがあったり、まったく予想しない受け取り方をすることが分かったこと」「『なぜそのプロジェクトを行おうとしたのか』という目標設定や、『そこから何を学んだのか』というプロジェクトを通しての教訓化が、自分だけではうまく整理できていなかったことが分かりました。査読を通して指摘いただいた内容について再考することで、プロジェクトで学べたことを自分の中で明確にすることができました」といった記述が見受けられた。

　調査では、最後に「参加した感想」について自由記述を求めた。受講生からは、研修を振り返って、「週の疲れが溜まる中、学習に参加し、共感したり、感動したりと疲れが無くなっていくのを感じました」「Zoomを活用し、全国の事務職員の方と一緒に学ぶことができて本当に身になった」などといった、忙しい中でも研修に参加して自己研鑽を積むことの大切さ、そして他者と実践交流することの意義を自覚する意見が見られた。また、「たくさんのプロジェクトに触れることで具体的なヒントをいただけた」「具体的にイメージできた」のように、明日からの実践につながる具体的な成果が得られたとの振り返りもあった。さらに、「研修が頭から離れず、夢にも出ました。ハードでした」という意見がある一方で、「小さな気づきや違和感から改善に結び付けるプロジェクトって楽しい」「刺激になり楽しかった」というように、慣れない報告や討議に苦慮する声もあったが、それを楽しんだという意見も多くあった。中には、参加できなかった場合や十分に時間内に理解ができなかった時のために、報告について録画しておいて視聴可能にすることの提案もあった。

(3)マネジメントチームのリフレクション

　これまで述べてきたように、多様な人に学習に参加してもらいつつ、新たな学校事務職員の職務を踏まえ、資質・能力を高度化できるよう学びを支援していく上では、講師一人で運営することは難しい。そこで本講座では、講師に加え、プログラムの円滑な運営に向け調整する「プログラムコーディネーター」、出席管理を行う「アテンダントオフィサー」、外部の人に報告依頼などを行う「リエゾンオフィサー」、査読に関する編集を行う「エディター」、学術的専門性からアドバイスを行う「プロフェッショナル

コーチ」というポストを設け、チームで運営する仕組みを取り入れた。マネジメントチームのメンバーがどのようなことを考えつつ役割を果たし、どのような教訓を得たのかを把握するため、自由記述を求めた。その記述を分析した結果、一人一人が悩みつつ、自らの知識・スキルの持ち味と限界を踏まえながら、多様な参加者に配慮し、チームで励まし合い、助け合って仕事を遂行したことが分かった。こうしたマネジメントチームの多様性と協働性こそが、多様性を尊重しつつ、新たな職務を踏まえた資質・能力の高度化というジレンマをやりくりすることに寄与した要因と言えよう。

■藤原文雄：講師

・お会いしたことのない参加者にどの程度の負荷をかけてよいのかなど、受講生との間合いの取り方は難しかった。また、メンター制度、ルーブリック、リフレクションツールを浸透させられなかった。加えて、テキスト作りのため、外部講師を活用したり、報告を二本立てにしたりすることと、受講生の議論の時間の確保のジレンマがあった。

・取り組むことに価値を置く「取組主義」から、目的意識を持って仕事をして教訓化する「成果主義」の働き方へのシフトを促すことは極めて難しかった。

・マネジメントチームの結成は、それぞれの専門性を生かした運営が可能となることから大変ありがたかった。マネジメントチームの皆さんには相当の負担をお掛けし、心苦しかった。

■谷明美：プログラムコーディネーター

・時間が限られている中で講師がどのように運営したいのか意図を考え、さまざまな背景のある参加者が楽しく受講できているのか、また執筆に対し困っていることがないかを第一として配慮することを心掛けた。

・運営チームでは、各担当に主体的に動いてもらうよう、何気なく気づきを伝えたり、困っていることをGoogleジャムボードで共有したり、スムーズに運営ができるようICTの活用を促し工夫した。チーム体制には励まされた。

・査読は、公平かつ公正にリフレクションシートを基に行った。また論文の書き方や引用している部分を確認し、根拠を示して納得のいくような説

明を心掛けた。査読は自分を大きく成長させてくれた。

・学校における事務長としての在り方に通じるリーダーとしての在り方を学んだ。一番苦労したことは、自分が直接行動できないというジレンマであり、その時は感謝の気持ちを思い出して視点を変え、乗り越えた。

■増田真由美：アテンダントオフィサー

・サードタイムの研修を継続して受講し充実させていくためには、ワークアズライフを意識し、仕事や生活のタイムマネジメントをうまく行っていく必要があると感じた。受講生の個々の生活環境まで把握していないため、私の声かけが有効なのか、相手の負担となっていないかを判断することが難しかった。結果として参加が難しい受講生を最後まで励まし支えることができなかった。

・その日の学習を振り返り、学んだことを形にして残すことの重要性を感じた。自分や他者の成長の過程を知るツールになる。学んだ履歴を他者と共有し対話することで、学びを教訓化し深めていくことができる。「学習履歴の蓄積と共有」が、個々の成長の糧となり全体の学習の質を高める効果の一つとなることを学んだ。

■佐川志保：リエゾンオフィサー

・参加者によるプロジェクト発表は、素晴らしい実践ばかりで刺激になった。また発表に対しての他者からのリフレクションは、今後に向けての貴重なヒントになり、ゲスト発表者に依頼する時の、自慢の材料となった。

・ゲスト発表者とは面識もなく、突撃依頼の実践発表と原稿執筆の交渉であった。度胸だけでは難しく、できるだけ依頼人の取組を把握してから連絡した。また、発表や原稿執筆に向けての相談を受ける中で、できるだけ自信をもって発表に臨めるように対応した。困った時は、プログラムコーディネーターに相談した。

・査読においては、他2名の力によるものが大きく、きめ細やかな配慮と同じ職である者への愛情を感じた。

・運営も実践も、周囲の協力あってこそではあるが、やってみればなんとかなるという貴重な教訓を得られた。

■吉村由巳：エディター

・さまざまな実践者のプロジェクト報告に触れる機会を得たことは大変貴

重な経験であった。

・同業者としての一次査読は、プロジェクトに込められた執筆者の思いを引き出し、読者に伝わるように支援することであった。3名の異なる視点からコメントを得られることは、執筆者にとっても有益であった。

・各原稿のプロセス管理に加え、原稿送受信の際に執筆者への配慮が必要であると考え、前向きな言葉がけを（特に後半は）行った。

・プロフェッショナルコーチに入っていただくことでより専門的視点での査読となり、内容と表現のブラッシュアップにつながった。効果的な構成や強調すべき部分についてご指摘いただき自分自身の学びにもなった。

■久我直人：学術コーチ

・新たなチャレンジを生み出す原動力（思いや願い）の差が学校事務職員としてのキャリア形成に大きな影響を与えていることを学んだ。この願いの強さは、年齢に関係ないことを実感した。

・個々の学校事務職員がもつ「事務職員観」の違いによって、求める学校事務職員像が異なる。この違いを容認しながらも新たな時代に求められる学校事務職員像の共有の必要性を感じた。

・「査読」に関わることで、短期間の論述支援の困難さを感じた。実践者の記述は、主語が「自分」になる傾向があり、客観（俯瞰）的記述には、一定のスキルトレーニングが求められる。教職大学院では、1年以上かけて論述スキルを指導するが、今回は、添削レベルに留まると共に、査読コメントで意図を伝えることの難しさを感じた。

■福嶋尚子：学術コーチ

・それぞれのプロジェクトの背景（自治体の制度や学校の人的・物的・財的環境、実践者自身の経験年数など）が異なるので、その中でのメンバーの取組やプロジェクトの成果を一律の視点で評価することは望ましいのかどうなのか悩んだ。

・初めて聞いたプロジェクトの意義を咀嚼し、全国的・学術的文脈の中に位置づけて助言することは難しい。

・実践そのものの価値と、原稿化した時の実践記録としての価値の切り分け―実践へのアドバイスや実践の価値づけは困難。原稿化におけるアドバイスにとどまる。

最後に、以上の研修の成果とリフレクションから、今後の研修充実に向け、得た教訓について三点述べたい。

　第一に、ICTを活用したオンライン形式のスクールビジネスプロジェクト学習によって、学校事務職員・仕事観の転換、学習観の転換、学校事務職員としてのレパートリーの拡大といった豊かな学びが経験されていること、また、それを支える背景に多様性に満ちた学習コミュニティにおける対話が必要であることが確認された。新しい職務を踏まえた資質・能力及び意欲の向上が求められる今日、スクールビジネスプロジェクト学習によって、学校事務職員・仕事観の転換が生じたことの意義は大きい。学校事務職員は、今回のスクールビジネスプロジェクト学習以外でも、多くの場で、スクールビジネスプロジェクト（意図を持った実践）に取り組み、報告し、学んでいる。学校事務職員が取り組んでいるスクールビジネスプロジェクト学習を、取り組む仲間との文脈共有度（実践の背景など）を縦軸に、報告内容の包括性（取り組んだ期間の長さ、目的―取組―成果検証―教訓化が一貫した語り）を横軸として整理したのが図8である。これら多様な場における学びはいずれも価値あるものである。それらの中で、スクールビジネスプロ

図8　スクールビジネスプロジェクト学習の場

仲間との文脈共有度	実践紹介	実践報告
地域外	例：プロジェクト百選	例：スクールビジネスプロジェクト学習、論文投稿
共同学校事務室	日常的な提案や反省	定期的報告・面談
共同学校事務室	例：情報共有	例：共同実施計画、年度末反省、人事評価
校内	日常的な提案や反省	定期的報告・面談
校内	例：行事に係る提案や反省	例：教育計画、年度末反省、人事評価

報告内容の包括性

ジェクト学習の特徴は、文脈が共有されていない仲間に対し、包括的に報告することであり、そのプロセスが学校事務職員・仕事観の問い直しにつながったと考えられる。

第二に、スクールビジネスプロジェクト学習の研修成果は、概ね高い評価を得たとは言え、十分に高い成果を収めることは叶わなかった。しかし、スクールビジネスプロジェクト学習の研修成果を高めるための仕組みとして有効性が確認されたメンタリング、ルーブリック、リフレクションシートなどの手だての活用をより一層図り、成果につなげていきたい。

第三に、豊かな学びの源である多様性を尊重しつつ、新たな職務を踏まえた資質・能力を高度化するという課題の難しさを実感することとなった。学校事務職員の現在の実践は、制度や過去の先輩の実践に依存するという文脈依存性を有しており、また、人材育成の仕組みが制度化されていない地域では一人一人の学校事務職員の事務職員観や資質・能力の差異は大きい。こうした多様性を互いに尊重しつつ、新たな職務を踏まえた一定の共通の資質・能力の獲得に向け進むことが、今日、学校事務職員には求められている。前者は多様性のベクトルであり、後者は共通性のベクトルである。こうした相反するベクトルの間のジレンマを乗り越え、一人一人の豊かな学びを支援する上で、マネジメントチームの多様性と協働性、そして、同僚の視点からの講師への助言と受講生へのきめ細やかな助言の有効性を実感することができた。こうした受講生も運営に参加した講座の運営は、今後の職業人の研修プログラムのモデルになるのではないだろうか。

最後に、本講座に参加してくださった皆様、ゲストとして報告してくださった皆様、掲載をご承諾いただいた管理職の皆様をはじめ、すべての方々に心より御礼申し上げる次第である。（藤原文雄、谷　明美、増田真由美、佐川志保、吉村由巳、久我直人、福嶋尚子、杉上厚史、吉岡未来）

おわりに ～査読に関わった立場から～

「リソースマネジャー」の育成を促すプロジェクト学習

　寄せられたプロジェクトを読み解いていくと「『つかさどる』とは何か?」の具体に触れた感覚を得ることができる。具体的には、学校に内在する教育課題や学校運営上の課題を学校事務職員自身が気づき、その課題解決のため方策を構想し、管理職、教職員、保護者、地域の人々とつながりながら課題解決へ結びつけていくリソースマネジャーとしての学校事務職員の姿である。これは、特別なことではなく、若手、ベテランにかかわらず学校事務職員として、学校の課題解決に能動的に関わろうとする教育的意志がすべての起点となっているのがその特徴である。課題を見いだし、その課題解決の具体的な内容と方法が本書にちりばめられている。子どもの幸せを生み出す教育活動を具現化する創造的な営みが「つかさどる」の中身であり、この学校事務職員に求められる専門性を育成する意図的、計画的、構造的な学びがこのプロジェクト学習に包含されている。

学校事務職員のキャリア発達と専門性の広がり

　本プロジェクトには、若手の学校事務職員から既に「つかさどる」を体現してきたベテランの学校事務職員まで幅広い層から寄稿されている。

　その構造を読み解くと、若手の事務職員の課題発見の視点のフレッシュさや、どこまで提案していいのかと手探りしながら課題解決に向かおうとするたどたどしさの中に誠実さを感じる記述が多く見られた。また、その取組に共同実施組織の先輩からの励ましや管理職の方からの支援等、若手の誠実さを支えようとする身近な先輩・上司の存在も確認された。

　一方、ベテランの学校事務職員の実践からは、これまでの経験知や実践知を活かした機能的で構造的なプロジェクトが構成されていることが読み取れた。とらえられた課題に対して、まずは解決のシナリオを構想し、次にその具現のために、関係する人と人をつなぎ、構想したシナリオに沿っ

て組織的・構造的に課題解決のステップを踏んでいくという構成である。その際、管理職を含め、関係する人たちと課題を共有するステップ（ポンチ絵で明示等）や構成した課題解決のプロセスを駆動させるスタッフィング等、持続可能性が担保されるように工夫されていた。

　このように若手からベテランに進むにしたがって、対象とする課題の質や関わる人の構成等に深まりや広がりがとらえられる。一方、これら若手とベテランのプロジェクトの実践に共通するは、「子どもの幸せを生み出す強い願いや意志」の存在である。実は、求められる職の専門性（学校経営に寄与するリソースマネジャー等）を磨き、高めるためには、単なる知識やスキルの蓄積だけでなく、そのベースにある学校教育への強い動因（願いや思い）という情動レベルの資質の存在がとらえられる。今回寄せられたすべてのプロジェクトには、その尊い願いや思いが取組の事実の記述からあふれ出ているのを感じた。つまりこの願いや思いまでもが学校事務職員の専門性を構成していることが指摘される。

リソースマネジャーの育成と今後の課題

　今回、寄せられたプロジェクトの査読をさせていただいた。一般的に「査読」というと「論文の構成や研究の内容・方法の妥当性」、さらには得られた「結果の信憑性」等を精査し、場合によってはリジェクトされる論文掲載の重要なステップである。しかし、今回は、論述の厳密さよりも「実践に内在する価値」を可視化する、という視点に軸足を置いて査読させていただいた。その理由は、実践の記述から課題解決の方法やそのための関係者とのつながりについて大まかに読み取れるが、シャープに論述しきれていない部分が散見された。つまり、プロジェクトの目的—内容—方法—評価という一連のつながりが見えにくく、目的（課題設定）そのものに曖昧さがとらえられる傾向が見られた。逆説的に言えば、課題設定のシャープさが論述のシャープさを生み出すのである。また、素晴らしい実践の評価がアンケートの感想のまとめに留まる傾向も散見された。プロジェクトを通して関係する人の意識と行動のリアルな変容の姿そのものが実践の成果となるのである。このような論述上の課題には、優れた実践者に内在する「暗黙知」の問題が潜んでいる。この問題に対して、査読コメントで「プ

ロジェクトの実践的意義や価値」を明示した。そのことを通して、実践者自身も無自覚であったプロジェクトに内在する実践的な意義や価値を構造的に理解することを促そうとしたのである。この論述の明確化は、暗黙知の自覚化を促す機能があり、リソースマネジャーとしての識見を高めることにつながるトレーニングになるのである。つまり、論述のための論述に留まらず、次なる効果的な実践を生み出すための理論的な思考の構成を促すことにつながるのである。今回のプロジェクトの中に学校に留まらず、教育界全体の課題をメタ認知した優れた報告も含まれていた。自身のこの暗黙知の形式知化と共有が意図的、計画的、そして、組織的、創造的な業務遂行を可能にするリソースマネジャーとしての成長につながるのである。

　最後に、本研修に参加くださった皆様、マネジメントチームの皆様、ご指導いただきました校長先生、プロジェクト百選に投稿してくださった方々に深く感謝申し上げます。また、本書の出版にご尽力いただきました学事出版の木村拓氏に感謝申し上げます。　　　　　　　　（久我直人）

参考文献

・礒田勝・大多和雅絵・川崎雅和・東郷伸也・水口真弓『貧困・障がい・国籍 教育のインクルーシブ化に学校はどう備えるか』学事出版、2020年。

・神林寿幸「共同実施県における学校事務職員の業務負担を規定する要因」『学校改善研究紀要』2019年、31-42ページ。

・木村直人・相田康弘『未来の学校づくり—コミュニティ・スクール導入で「地域とともにある学校」へ—』学事出版、2019年。

・キャシー・クラム著、渡辺直登他訳『メンタリング』東京白桃書房、2003年。

・『教職研修』編集部編『教育の未来をつくるスクールリーダーへ』教育開発研究所、2020年。

・月刊「地方財務」編集局編『九訂 地方公共団体歳入歳出科目解説』ぎょうせい、2020年、第1節～第16節、21-137ページ。

・現代学校事務研究会編『学校財務（学校マネジメント研修テキスト3）』学事出版、2011年。

・現代学校事務研究会編『学校財務改革をめざした実践事例—自主的・自律的な教育活動を保障するために—』学事出版、2014年。

・高知県高知市教育委員会「共同学校事務室における働き方改革実践事業～専任学校事務職員による業務改善の実践研究～」『教育委員会月報』2020年8月号、48-52ページ。

・国立教育政策研究所『義務教育諸学校の学校事務職員の職務の明確化・人事・人材育成に関する調査報告書』、2015年。

・小松郁夫「学校評価はなぜ停滞していたのか」『教職研修』570号、2020年2月、18ページ。

・佐藤望編著『アカデミック・スキルズ—大学生のための知的技法入門（第三版）—』慶應義塾大学出版会、2020年。

・澤井陽介『授業の見方—「主体的・対話的で深い学び」の授業改善—』東洋館出版社、2017年。

・末冨芳編著『予算・財務で学校マネジメントが変わる』学事出版、2016

年。

・鈴木敏恵『プロジェクト学習の基本と手法—課題解決力と論理的思考力が身につく—』教育出版、2012年。

・住田昌治『管理しない校長が、すごい学校組織をつくる！—「任せる」マネジメント』学陽書房、2020年。

・田村学『カリキュラム・マネジメント入門—深い学びの授業デザイン。学びをつなぐ7つのミッション—』東洋館出版社、2017年。

・中央教育審議会「今後の教員養成・免許制度の在り方について（答申）」2006年。

・露口健司「『働き方改革』を推進する副校長・教頭のリーダーシップ」『学校運営』全国公立学校教頭会、2019年2月号、16ページ。

・中原淳、中村和彦『組織開発の探究』ダイヤモンド社、2018年。

・中原淳『サーベイ・フィードバック入門』PHP研究所、2020年。

・中原淳「リフレクションは教育活動になぜ必要なのか？」、追手門学院中・高校　ケーススタディ「授業、探究、HR、部活動…実践事例」『Career Guidance Vol.435』リクルート、2020年12月、7－13ページ。

・中原淳『経営学習論 増補新装版—人材育成を科学する—』東京大学出版会、2021年。

・久村恵子「メンタリングの概念と効果に関する考察—文献レビューを通じて—」『経営行動科学』11（2）、1997年、81－100ページ。

・福嶋尚子「"価値内面化機能"の視点から見た地方における学校評価制度の分析」『日本教育行政学会年報』第36号、2010年、125ページ。

・藤原文雄『教職員理解が学校経営力を高める—学校で働く人たちのチームワークをどう活かすか—』学事出版、2007年。

・藤原文雄『学校事務の共同実施—ケース・スタディーで学ぶその課題と展望—』学事出版、2008年、138ページ。

・藤原文雄『「学びの環境デザイナー」としての学校事務職員—教職協働で学びの質を高める—』学事出版、2011年。

・藤原文雄「英国の公費維持学校における事務長の雇用の拡大と専門職化について」『国立教育政策研究所紀要』143、2014年、103－116ページ。

・藤原文雄『新人学校事務職員のワークとライフ——年間の成長と効果的

な研修―』学事出版、2015年。

・藤原文雄編著『事務職員の職務が「従事する」から「つかさどる」へ』
学事出版、2017年。

・藤原文雄編著『「学校における働き方改革」の先進事例と改革モデルの提
案』学事出版、2019年、11ページ、38－45ページ。

・藤原文雄『スクールビジネスリーダーシップ（スクールビジネスリー
ダーシップ研修テキスト1）』学事出版、2020年。

・藤原文雄「学校事務職員の資質・能力及び意欲に関する研究動向―学校
事務職員制度史とともに―」『教育学研究』第88巻第1号、2021年、56－
64ページ。

・本多正人編著『公立学校財務の制度・政策と実務』学事出版、2015年。

・マイケル・パワー著、國部克彦他訳『監査社会』東洋経済新報社、2003
年。

・松村英治『仲間と見合い磨き合う授業研究の創り方―「働き方改革」時
代のレッスンスタディ―』東洋館出版社、2019年。

・美馬のゆり編著『未来を創る「プロジェクト学習」のデザイン』近代科
学社、2018年。

・柳澤靖明『学校徴収金は絶対に減らせます。―年間1万円以上の保護者
負担を削減した事務職員の実践ノウハウ―』学事出版、2019年。

・柳澤靖明・福嶋尚子『隠れ教育費―公立小中学校でかかるお金を徹底検
証―』太郎次郎社エディタス、2019年。

・脇本健弘・町支大祐（中原淳監修）『教師の学びを科学する―データから
見える若手の育成と熟達のモデル―』北大路書房、2015年。

編著者・執筆者一覧

（本文中の所属は実践を行った際の学校名・校長名であり、経験年数は2020年度時点のものである。以下で示すものは、2021年度時点のものである。）

【編著者】

藤原文雄（ふじわら・ふみお）

国立教育政策研究所初等中等教育研究部長。1967年、愛媛県生まれ。民間企業勤務の後、1999年からの国立大学勤務を経て、2010年から国立教育政策研究所初等中等教育研究部総括研究官。2020年から現職。近年の著書として、藤原文雄著『スクールビジネスリーダーシップ（スクールビジネスリーダーシップ研修テキスト１）』(学事出版、2020年)。専門は、教育行政学、学校経営学。教職員配置、教職員人材育成。最近の趣味はサイクリング。

久我直人（くが・なおと）

国立大学法人鳴門教育大学教職大学院学校づくりマネジメントコース長。1962年、滋賀県生まれ。公立学校教諭、県・政令市教育委員会事務局教職員課指導主事・管理主事の後、2007年から鳴門教育大学大学院准教授。2011年から現職。近年の著書として、久我直人著『子どもの幸せを生み出す潤いのある学級・学校づくりの理論と実践確かな学力を育み、いじめ・不登校等を低減する「勇気づけ教育」の組織的展開とその効果』(ふくろう出版、2019年)。専門は学級経営実践論、学校経営実践論。

佐川志保（さがわ・しほ）

徳島県北島町立北島中学校主査兼事務長。1973年、徳島県生まれ。学校事務職員経験27年目。徳島県公立小中学校事務職員研究会全国・四国研究大会研究委員長を務めている。７年ほど前から研究活動に携わるようになり、研究の大切さと面白さを噛みしめている。仕事のポリシーは、「平等・誠実な対応と、他職からも見える働き方」である。趣味は、若い頃からスポーツや楽器演奏、職員劇の脚本、親睦会での出し物担当と、いろいろなことを楽しんできたが、今は専ら「漫画を読むこと」である。

谷　明美（たに・あけみ）

徳島県勝浦町立横瀬小学校主査兼事務長。1972年、徳島県生まれ。学校事務職員経験31年目。徳島県公立小中学校事務職員研究会学校経営改善研究部会副部長、日本教育事務学会研修委員会副委員長、徳島県教職員団体常任執行委員などを務め、共同実施と人材育成を中心に実践研究を重ねている。採用当時から「歌って踊れる事務職員」をモットーに何でもこなすことのできる学校事務職員を目指していたが、今は「周りを楽しませながら、気持ちよく仕事をしたい」という思いをこの言葉に込めている。好奇心が旺盛なため多趣味で三日坊主。最近、始めた趣味は「ジャンベ（アフリカの打楽器）」。

福嶋尚子（ふくしま・しょうこ）

千葉工業大学工学部教育センター准教授。1981年、東京都生まれ、新潟県育ち。2013年、日本学術振興会特別研究員（DC2）採用後、2015年、千葉工業大学工学部教育センター助教に着任。2021年より現職。近年の著書として『隠れ教育費―公立小中学校でかかるお金を徹底検証―』（栁澤靖明と共著、太郎次郎社エディタス、2019年）、『占領期日本における学校評価政策に関する研究』（風間書房、2020年）。専門は、教育行政学、教育法学。趣味は料理、食事。

増田真由美（ますだ・まゆみ）

京都市立上賀茂小学校学校運営主査。1975年、静岡県生まれ。家族の転勤により幼少期から宮津市、姫路市、横浜市など各地を転々としながら育つ。塾講師、大学勤務などを経て2013年度より京都市立学校事務職員として勤務。現在9年目。京都市の学校事務力向上のため、京都市立学校事務研究会研究部長として、研究会活動にも精力的に取り組んでいる。趣味は、「美味しいものを食べること」。仕事のポリシーは、「すべては子どもたちのために、すべての子どもたちのために。有言実行」。

吉村由巳（よしむら・ゆみ）

愛媛県愛南町立平城小学校事務係長。1970年、愛媛県生まれ。学校事務職員経験29年目。日本教育事務学会年報編集委員。愛媛県公立小中学校事務係長会副会長。愛媛県教育委員会事務局南予教育事務所勤務を経て、愛南町平城共同学校事務室長4年目。若手の人材育成と子どもの貧困問題に関

心を寄せ、関係機関とのネットワークづくりを模索中。趣味は、「晴天の日のガーデニング、野菜作り」。仕事のポリシーは、「つながりを大切に、正しいことを前向きに」。

【著者】

井川奈那（いかわ・なな）

香川県高松市立植田小学校主事。1994年生まれ。学校事務職員経験５年目。趣味は、「料理」。仕事のポリシーは、「感謝の気持ちを持って、人とのつながりを大切にする」。

入澤晃爾（いりざわ・こうじ）

岡山県美咲町立旭中学校事務副参事。1961年生まれ。学校事務職員経験42年目。趣味は、「DIY」。仕事のポリシーは、「最後までやりぬく」。

梶野敬子（かじの・けいこ）

香川県高松市立花園小学校（高松市学校事務支援室）事務主任。1965年生まれ。学校事務職員経験32年目。趣味は、「楽器演奏（二胡、三線、その他小物）」。仕事のポリシーは、「すべては必然（起こることにはすべて意味がある）」。

神原千恵（かんばら・ちえ）

岡山県美作市立大原中学校事務副参事。1963年生まれ。学校事務職員経験40年目。趣味は、「読書、犬と遊ぶ」。仕事のポリシーは、「何事も楽しく」。

桒村洋子（くわむら・ひろこ）

徳島県勝浦町立生比奈小学校校長。1965年生まれ。教職経験34年目。趣味は、「フラメンコ」。仕事のポリシーは、「すべては子どもたちのために」。

四方眞由美（しかた・まゆみ）

京都市立衣笠中学校学校運営主査。1974年生まれ。学校事務職員経験10年目。趣味は、「史跡・名所巡り」。仕事のポリシーは、「生徒、教職員、学校に関わるすべての人の幸せを目指す」。

嶋田真一（しまだ・しんいち）

秋田県教育庁総務課総務・私学班副主幹。1975年生まれ。学校事務職員経験15年、事務局勤務経験12年。趣味は、「キャンプ、スキー、料理」。仕事のポリシーは、「常に後任者への配慮を忘れない」。

下堂薗公平（しもどうぞの・こうへい）

鹿児島県立指宿養護学校事務主任。1990年生まれ。学校事務職員経験10年目。趣味は、「音楽を聴く（ロック全般）、掃除」。仕事のポリシーは、「みんなが笑顔に、自分も笑顔に」。

杉上厚史（すぎうえ・あつし）

香川県高松市立木太南小学校主任主事。1991年生まれ。学校事務職員経験8年目。趣味は、「スポーツ観戦」。仕事のポリシーは、「桜梅桃李」。

大天真由美（だいてん・まゆみ）

岡山県美咲町立美咲中央小学校事務主任。1959年生まれ。学校事務職員経験44年目。趣味は、「ガーデニング、フラワーアレンジメント、読書、旅」。仕事のポリシーは、「学校事務をいかに楽しむか、いかに役に立てるか」。

東郷伸也（とうごう・しんや）

京都市立西京極中学校校長。1963年生まれ。教職経験36年目。趣味は、「読書、ウォーキング」。仕事のポリシーは、「具体的に動いてみる」。

豊岡明子（とよおか・あきこ）

徳島県勝浦町立勝浦中学校事務室長。1962年生まれ。学校事務職員経験41年目。趣味は、「読書」。仕事のポリシーは、「誠実」。

林　恒輔（はやし・こうすけ）

愛媛県鬼北町立広見中学校主事。1996年生まれ。事務職員経験5年目。趣味は、「料理」。仕事のポリシーは、「メンタルを強くして日々取り組む」。

樋口桂子（ひぐち・けいこ）

福岡県八女市立福島中学校主幹。1971年生まれ。学校事務職員経験33年目。趣味は、「K-POPを聴き、彼らの幸せを願うこと」。仕事のポリシーは、「悩んだら、自分にとって何が重要かを考える（重要＝子どもたちの幸せ♪）」。

廣田美咲（ひろた・みさき）

千葉県浦安市立日の出中学校主事。1995年生まれ。学校事務職員経験4年目。趣味は、「アニメを見る、本を読む」。仕事のポリシーは、「めげずに愉しむ」。

船橋武士（ふなはし・たけし）

京都市立新林小学校事務職員。1992年生まれ。学校事務職員経験6年目。趣味は、「空手、料理、映画鑑賞」。仕事のポリシーは、「何事にも挑戦してみる」。

松井政徳（まつい・まさのり）

愛知県瀬戸市立長根小学校主任。1984年生まれ。学校事務職員経験12年目。趣味は、「道の駅巡り」。仕事のポリシーは、「抽象を具体にする」。

松下健太郎（まつした・けんたろう）

京都市立開晴小中学校学校運営主査。1979年生まれ。学校事務職員経験12年目。趣味は、「散歩」。仕事のポリシーは、「不言実行」。

松田幸夫（まつだ・ゆきお）

滋賀県長浜市立余呉小中学校主任事務主査。1963年生まれ。学校事務職員経験40年目。趣味は、「自然観察（野鳥、天体）」。仕事のポリシーは、「地域とともにある学校づくりをみんなとともに」。

松野由季（まつの・ゆき）

徳島県阿波市立阿波中学校主任主事。1991年生まれ。事務職員経験6年目。趣味は、「映画鑑賞、カフェ巡り、卓球」。仕事のポリシーは、「教員や子どもの思いに、事務職員としてできることをよく考え、行動する！」。

水口真弓（みずぐち・まゆみ）

京都市教育委員会総務部学校事務支援室学校事務支援主事。1970年生まれ。学校事務職員経験30年目。趣味は、「読書」。仕事のポリシーは、「見る・聞く・知る・学ぶ」。

村井徹志（むらい・てつし）

徳島県勝浦町立横瀬小学校校長。1962年生まれ。教職経験36年目。趣味は、「ジョギング」。仕事のポリシーは、「視野を広くもつ」。

横山武文（よこやま・たけふみ）

徳島市北井上小学校校長。1962年生まれ。教職経験36年目。趣味は、「読書、ラグビー」。仕事のポリシーは、「何事も子どもたちのために」。

吉岡未来（よしおか・みく）

徳島県小松島市小松島南中学校主任主事。1992年生まれ。学校事務職員経験6年目。趣味は、「舞台やライブ鑑賞のためいろいろなところに行くこと」。仕事のポリシーは、「すぐやること」。

吉見隆史（よしみ・たかし）

徳島県小松島市南小松島小学校初任者研修拠点校指導教員。1955年生まれ。教職経験42年目。趣味は、「音楽」。仕事のポリシーは、「現場主義」。

スクールビジネスリーダーシップ研修テキスト2
スクールビジネスプロジェクト学習
子供たちの幸福な近未来を創造する学校事務職員

2021年8月15日　第1版第1刷発行

編　著　者　藤原 文雄・久我 直人・佐川 志保・谷 明美・
　　　　　　福嶋 尚子・増田真由美・吉村 由巳
発　行　者　花岡 萬之
発　行　所　学事出版株式会社
　　　　　　〒101-0021 東京都千代田区外神田2-2-3
　　　　　　電話 03-3255-5471　http://www.gakuji.co.jp
編 集 担 当　木村 拓

表紙デザイン　文唱堂クリエイティブ
組　　　版　研友社印刷株式会社
印刷・製本　研友社印刷株式会社

ISBN978-4-7619-2729-5　C3037　printed in Japan